LES
MARTYRS
D'AUBENAS

TRIDUUM

Aubenas, 26-28 Novembre 1926

JHS

F. SÉVEYRAC. DEL.

Triduum Solennel

EN L'HONNEUR

du Père Jacques SALÈS

ET DU

Frère Guillaume SAULTEMOUCHE

MARTYRS DE L'EUCHARISTIE

Tombés à Aubenas le 7 Février 1593

Béatifiés à Rome par S.S. PIE XI, le 6 Juin 1926

SOUS LA PRÉSIDENCE DE :

Monseigneur HURAULT, Evêque de Viviers

et de NN. SS.

TISSIER, Evêque de Châlons ;

NÈGRE, ancien auxiliaire de Viviers ;

MARNAS, Evêque de Clermont ;

PAGET, Evêque de Valence ;

GIRBEAU, Evêque de Nîmes ;

ROUSSEAU, Evêque du Puy ;

R. P. D. AUGUSTIN, Abbé de Notre-Dame des Neiges.

ÉVÊCHÉ
DE
VIVIERS
—

Viviers, le 30 mars 1927.

BIEN CHER MONSIEUR L'ARCHIPRÊTRE,

Voici donc les bonnes feuilles de votre jolie brochure ! Comme je les ai lues avec un vif intérêt ! Elles rappellent si bien le zèle que vous-même avez dépensé pour préparer vos magnifiques journées ; elles relatent d'une manière si vivante la présence des prélats, l'éloquence des orateurs, la maîtrise de l'illustre et vénéré Mgr. Tissier, l'empressement et la piété de nos chers Vivarois ! Elles énumèrent en termes si chauds les concours consolants dont est résultée chez nous la glorification des Bienheureux Martyrs de l'Eucharistie !

Vous avez très heureusement édité le texte des panégyriques, et ces pages forment l'essentiel du volume, mais la plume d'un excellent annaliste, en replaçant les faits dans leur atmosphère d'enthousiasme, n'a pas eu à sacrifier l'exactitude pour ne révéler que des merveilles.

Enfin, pour imprimer avec un luxe pieux cette charmante plaquette, l'un de vos paroissiens a mis à votre disposition ses presses et son cœur. Il a voulu faire œuvre de chrétien et d'Albenassien. Qu'il en soit lui aussi félicité.

Vous avez, dans les dernières pages, signalé l'ouverture de la chapelle des martyrs. Les circonstances présentes rendaient l'édification de cette chapelle particulièrement difficile, mais, malgré l'urgence de tant d'œuvres indispensables à Aubenas, la reconnaissance l'imposait à votre paroisse, et vous avez eu raison de vous mettre courageusement au travail. C'est sur un emplacement bien vénérable par son aspect et par ses souvenirs que vous l'avez érigée et, si l'irrégularité des lieux a soumis à de pénibles contraintes l'inspiration de votre architecte, vous avez habilement tiré de la situation un parti louable. Vous avez réalisé une chapelle pittoresque, lumineuse et recueillie. Bientôt les pèlerins la rempliront, s'y trouveront à l'aise et en feront pour toute la région un centre de piété.

C'est donc ici, Cher Monsieur l'Archiprêtre, dans un reliquaire d'argent, heureusement substitué au cloaque d'immondices où les bourreaux les avaient jetés autrefois, que seront conservés les restes de ceux qui versèrent leur sang héroïque, et devant ces ossements sacrés, nos chrétiens viendront prendre des leçons de courage et d'amour.

Vos bienheureux portent le nom de martyrs de l'Eucharistie. Mais ils sont morts aussi pour obéir au Pape. A l'un d'eux, au P. Salès, les ministres protestants adressèrent cette parole, qu'on prenait pour une injure, mais qui le caractérise glorieusement : « Dans ce seul Jésuite, il y a plus de ferment papiste qu'il n'en faudrait pour infester toute la terre ». Je voudrais que le culte des ardéchois envers les martyrs d'Aubenas devint aussi pour notre pays un ferment, celui d'une indéfectible confiance envers le Souverain Pontife. Je voudrais qu'au pied de l'autel du nouveau sanctuaire, se développât une piété ardente envers le Saint Sacrement, mais si, devant les difficultés de l'obéissance au Pape, une hésitation venait à se produire dans quelques esprits ou dans quelques cœurs, je voudrais que, devant la châsse vénérée, elle se changeât bien vite en affectueuse soumission.

† ETIENNE-JOSEPH,
Evêque de Viviers.

PROGRAMME DES FÊTES

Vendredi 26 Novembre

Matin à 7 heures : **Messe de Communion**
(Dames et Jeunes Filles)

Soir à 8 heures : **Panégyrique des Bienheureux**
par le Père SALET (S. J.)

Salut Solennel

Cantate en l'honneur des Martyrs	G. DE LIONCOURT.
Adoro Te	PERRUCHOT.
Salve Mater	GRÉGORIEN.
Oremus pro Pontifice	FABRE.
Tantum Ergo	ROULIER.
Louez Dieu	M. R. BRESSON.

Samedi 27 Novembre

Matin à 7 heures 1/2 : **Messe de Communion**
(pour tous les Enfants de la Paroisse)

A 10 heures 1/2 : **MESSE PONTIFICALE**
Les chants grégoriens de la Messe « *Sapientiam* »
du commun des Martyrs
seront exécutés par la Schola du Petit Séminaire

Chant par tous les Enfants, du Cantique populaire des Bienheureux

Soir à 2 heures 1/2 : **Réunion de tous les Enfants**
(Allocution et Salut Solennel)

A 8 heures : **Panégyrique des Bienheureux**
par le Père PAIN (S. J.)

Cantate en l'honneur des Martyrs	G. DE LIONCOURT.
O Salutaris (4 voix mixtes)	BLIN.
O Sanctissima	
Tantum Ergo	CHABOT.
Louez Dieu	M. R. BRESSON.

Louez Dieu dans ses Tabernacles,
Louez-le dans son firmament.
Louez Dieu pour tous ses miracles,
Louez Dieu très fort et très grand.
Alleluia.
Louez Dieu.

Dimanche 28 Novembre

Matin à 7 heures 1/2 : **Messe de Communion**
(Hommes et Jeunes Gens)
la nef du milieu leur sera réservée

A 10 heures : **MESSE PONTIFICALE**
chantée par Mgr MARNAS, Evêque de Clermont,
diocèse d'origine des Bienheureux.

Kyrie (4 voix mixtes)	BRUNE (Messe du Sacre)
Credo de la Messe Royale	
Deus Firmavit (Offertoire)	PERRUCHOT.
Sanctus	PERRUCHOT.

(Temps de l'Avent)

Agnus Dei .... BOYER.

(Messe en Ré Mineur)
par la Chorale Paroissiale

Psaume 150 .... C. FRANCK.

Après la Messe : **Cortège de NN. SS. les Evêques**
de l'Eglise Paroissiale à Saint Régis

Soir à 3 heures : **SALUT SOLENNEL**

Tollite Hostias	SAINT-SAENS.
Magnificat (Royal et Faux-Bourdons).	PERRUCHOT.
Cantate en l'honneur des Martyrs	G. DE LIONCOURT.

Panégyrique des Bienheureux

prononcé par Mgr TISSIER, Evêque de Châlons

Ave Verum	LA TOMBELLE.
O Maria	FABRE.
Invocation aux Bienheureux	PERRUCHOT.
Oremus pro Pontifice	FABRE.
Tantum Ergo, ...	VITTORIA.
Louez le Dieu puissant	BACH.

Cantique aux Martyrs d'Aubenas

Bienheureux Martyrs de l'Eucharistie,
Que l'Eglise acclame au divin séjour,
Aubenas joyeux, vous chante et vous prie,
Oui, vous êtes siens, Martyrs de l'amour.

1

Apôtres de feu, votre foi vaillante
Ne faiblit jamais, malgré les tourments,
Affirmant encor, la voix expirante,
Que Jésus-Christ vit au Saint-Sacrement.

2

Et par votre sang, l'âme albenassienne
A gardé sa foi dans la vérité.
Par vous, qu'elle reste ardemment chrétienne,
Et que le Christ règne en notre cité.

3

Martyrs de l'Hostie, ô martyrs sublimes
Aidez-nous à fuir ce que Dieu défend,
Nous voulons gravir, nous aussi les cîmes,
Où le dur devoir parfois nous attend.

4

Nous avons besoin, pécheurs que nous sommes,
Des grâces de choix qui sont nos soutiens,
Du courage fort qui nous fait plus hommes,
De l'amour ardent qui nous fait chrétiens.

5

Que nous ayons tous votre foi profonde
En Jésus vivant, au Saint-Sacrement.
Sans respect humain, sans crainte du monde
Que nous servions Dieu, toujours fièrement !

Cantate en l'honneur des Martyrs d'Aubenas

(Texte de R. de PAMPELONNE — Musique de G. de LIONCOURT)

Martyrs du Vivarais,
Apôtres vénérés,
De la divine Eucharistie.
Vous, qui pour la divine Hostie,
Avez donné tout votre sang :
Du Dieu Vivant,
Du Dieu Puissant,
De celui qui connut le mépris et la haine,
Obtenez-nous l'Amour et la Foi souveraine.

Nous garderons à jamais la mémoire
Du Père, ardent, savant et lumineux ;
Du Frère, humble de cœur et généreux.
Nous redirons à jamais leur histoire.

Le cruel ennemi, craignant ces deux apôtres,
Qui le bravaient et défiaient sa loi,
Les fit périr en haine de la Foi.
Le Ciel en fête attendait l'un et l'autre.

Pardonnez-leur Seigneur, priait le Père,
Comme il tombait sous le fer et le feu,
Souffre, ô mon corps, endure, c'est pour Dieu,
Dit, en mourant, l'humble et sublime Frère.

Martyrs du Vivarais,
Apôtres vénérés,
De celui qui connut le mépris et la haine,
Obtenez-nous l'Amour et la Foi souveraine.

Justes, soyez heureux dans le sein du Seigneur,
Au seuil du Paradis, chassez toute frayeur.

Car Dieu reçoit auprès de Lui
Celui qui souffre pour sa gloire,
Et sa pure lumière luit
Sur l'humble d'esprit qui veut croire.

Au Tabernacle, où sont Amour et Charité,
Bénissez le Seigneur dans son éternité.

Créateur de toute Puissance,
Vous qui donnez à l'innocence
Triomphe et bonheur infini ;
Vous dont la main protège et donne
A nos Martyrs palme et couronne :
Que votre Saint NOM soit béni.

LES BIENHEUREUX

Avant de revivre, dans le compte rendu qui va suivre, les splendeurs des fêtes d'Aubenas en l'honneur des Martyrs de l'Eucharistie, et pour en goûter davantage le charme, nos lecteurs seront certainement heureux de retrouver ici un court récit de la vie des Bienheureux.

De cette vie héroïque et sainte, Mgr l'Evêque de Viviers traçait un tableau, concis autant qu'émouvant, en la lettre adressée au clergé et aux fidèles de son diocèse pour annoncer les grandioses fêtes de la Béatification du 6 Juin à Rome.

Nous ne saurions mieux faire que de reproduire ici cette lettre. Elle sera la meilleure introduction au récit de nos fêtes, et au texte des éloquents discours prononcés à cette occasion.

LETTRE PASTORALE
DE Mgr L'ÉVÊQUE DE VIVIERS
A L'OCCASION
DE LA BÉATIFICATION DES MARTYRS D'AUBENAS
LE 6 JUIN 1926

Nos très chers Frères,

C'est une joie bien grande qu'a répandue dans notre diocèse, avec l'Alleluia de Pâques, l'annonce de la prochaine béatification des martyrs d'Aubenas.

Depuis si longtemps, depuis des siècles, l'examen de leur cause sacrée était pendant ! Après une première enquête de justice civile ordonnée, dès les premiers jours qui suivirent leur mort, par les Etats du Vivarais, en 1593, Mgr Jean de l'Hostel, Evêque de Viviers, Mgr Pierre André de Lébéron, Evêque de Valence et de Die, puis Mgr de la Baume de Suze, Evêque de Viviers, procédant de manière toujours plus canonique, avaient, dès le XVIᵉ et XVIIᵉ siècle, réuni les témoignages décisifs, sur lesquels devaient s'appuyer, comme sur une base inébranlable, toutes les informations postérieures. Ce procès, dit de 1627, abandonné par suite d'une erreur commise en France dans l'interprétation d'un texte romain, fut repris en 1901, sur l'initiative de la Compagnie de Jésus, et nous voyons ce long travail auquel avait pris part, avec une grande piété, notre vénéré prédécesseur Mgr Bonnet, préparer la journée triomphale promise pour le 6 Juin de cette année.

Mais, pour nous réjouir comme il convient de l'honneur fait à notre cher Vivarais, il n'est pas inutile de nous remémorer, au moins d'une manière sommaire, ce que furent et comment moururent nos martyrs.

C'était en 1592. Près de cinquante ans s'étaient écoulés depuis la publication par Calvin du livre funeste qui avait entraîné une partie de la France vers les doctrines hérétiques. Depuis cette date et même plus tôt, depuis la diffusion des propos révoltés de Luther, les controverses religieuses ébranlaient les certitudes les plus vitales, jetaient les âmes dans l'angoisse et divisaient l'Europe. L'angoisse des âmes n'avait pas manqué, en ces temps de passion, d'engendrer la haine des cœurs, et des luttes d'idées ou des conflits de paroles, il y avait trente ans qu'on en était venu en France aux guerres fratricides. Menacés dans leur foi et dans leurs espérances éternelles, nos pères, en un sursaut spontané, avaient résisté à l'emprise de l'erreur, mais l'attaque de l'hérésie, sans cesse ranimée par l'obstination des prédicants, parfois encouragée par les tergiversations du pouvoir royal, prolongeait la lutte en l'exaspérant. Les batailles interrompaient les trêves, les généraux détruisaient l'œuvre fragile et souvent perfide des diplomates, on croyait la paix faite, et les combats recommençaient.

La prédication hérétique avait, il faut l'avouer, trouvé de bien bonne heure dans nos montagnes un trop facile écho, et l'enchevêtrement des batailles, des sièges et des coups de main, qui remplit d'une confusion pénible cette période de notre histoire, laisse deviner combien les ancêtres ont souffert. La foi catholique cependant, en dépit des faiblesses et des trahisons, conserva toujours d'intrépides défenseurs. Dans le peuple se recrutèrent de fidèles croyants, la noblesse eut ses héros, le clergé ses martyrs. La mort d'Henri III, survenue en 1589, à tant d'autres causes de division avait ajouté l'angoisse d'une succession troublante. Le Vivarais, comme la France entière, prit parti dans la querelle. Il compta des partisans décidés du roi de Navarre et d'ardents ligueurs. En attendant le jour où la légitimité se soumettrait enfin aux exigences de la vérité, où le Béarnais abdiquerait ses erreurs et recevrait la consécration religieuse, on continuait donc à s'y battre ou du moins on y demeurait sur le qui-vive. Pendant si longtemps on s'était attaqué de ville à ville, de château à château ; à tant de reprises en tête de bandes armées, les barons descendus de leurs nids d'aigle avaient sillonné les vallées ou escaladé les pentes ! On avait bien juré une trêve, mais faut-il se fier aux promesses de paix, quand les esprits restent défiants et quand les âmes se haïssent ?

La ville d'Aubenas avait passé, au cours de la guerre, par de cruelles alternatives. Citadelle du Calvinisme en Bas Vivarais, depuis au moins 1560, elle était passée aux mains des catholiques en 1587, grâce à la hardiesse du sieur de Sanilhac, bientôt Seigneur de Montréal. Celui-ci à la tête de 800 hommes, s'en était emparé presque sans coup férir et depuis lors la tranquillité semblait y régner. Mais les protestants notables de la ville s'étaient retirés à quelques pas, dans la bourgade de Vals, et ils ne se résignaient pas facilement à l'immobilité de l'exil.

Aux catholiques de la cité récupérée par lui et dont il était devenu gouverneur, il est tout naturel que le Seigneur de Montréal ait désiré procurer le bienfait d'une prédication réconfortante. Voilà pourquoi, en vue des fêtes de l'Avent 1592, il avait adressé au recteur du collège de Tournon une requête pressante, pour obtenir de lui l'envoi d'un missionnaire.

Voilà pourquoi aussi, pendant les dernières semaines de l'année 1592, deux modestes religieux de la Compagnie de Jésus, un père et un frère, celui-ci compagnon et serviteur du premier, avaient pénétré dans la ville d'Aubenas et avaient reçu l'hospitalité d'une maison alors vacante qu'on nommait la maison Veyrenc.

De ces deux religieux l'un, le prédicateur, se nommait Jacques Salès. C'était un des sujets les plus distingués de la Compagnie. Son talent de controversiste et sa science de théologien le rendaient capable de tenir tête à toutes les oppositions. Il possédait les qualités les plus favorables pour réussir dans une population mêlée comme celle d'Aubenas.

Né le 21 mars 1556, à Lezoux, au diocèse de Clermont-Ferrand, dans une famille de situation modeste, Jacques Salès avait, aux collèges de Billom, de Clermont, deVerdun et à l'université de Pont-à-Mousson, en Lorraine, parcouru brillamment le cycle de ses études classiques et théologiques. Honoré de la confiance de ses supérieurs au point d'avoir été nommé par eux professeur, immédiatement après la fin de ses classes, il résidait depuis quelques mois à Tournon dans le collège récemment fondé par le grand cardinal Vivarois, et il s'était déjà fait remarquer par de brillantes prédications ou controverses à Valence.

Les supérieurs avaient donné au Père Salès un fidèle compagnon dans la personne du Frère Guillaume Saultemouche. Né lui aussi en Auvergne, à St Germain de l'Herm, au même diocèse de Clermont, ce bon et simple religieux ne s'était jamais distingué que par ses humbles mais fortes vertus. Sa foi profonde et son esprit de mortification décelaient en lui une rare vigueur surnaturelle.

Le père Salès conquit de suite, près des catholiques d'Aubenas, par sa piété comme par l'éloquence de sa parole, une grande autorité. On remarquait surtout, et avec satisfaction, que, sans atténuer en rien la doctrine, il affectait une parfaite modération de forme pour contredire l'enseignement des prédicants.

Lorsqu'il eut terminé le travail apostolique pour lequel il était venu, le gouverneur de la ville, M. de Montréal, pria ses supérieurs de prolonger sa mission, ce qu'ils firent volontiers.

Connu désormais dans la région et apprécié de tous, le Père Salès semble avoir à ce moment élargi le champ de son apostolat. Non content d'évangéliser les fidèles et au besoin les hérétiques d'Aubenas, il circulait dans les cités voisines et on signale sa présence à Largentière, à Chassiers, à Ruoms. Il allait répandant la bonne semence, et sa parole ne demeurait pas stérile : les croyants sentaient leur foi se ranimer et les hérétiques étaient ébranlés. Un jour l'un de ces derniers, un protestant des Vans, prit l'initiative d'une conférence contradictoire, dans laquelle le missionnaire catholique se mesurerait avec un célèbre ministre de Villeneuve-de-Berg, nommé Labat. Le rendez-vous fut fixé à Ruoms. Le religieux s'y rendit et y attendit son adversaire, mais celui-ci, craignant sans doute l'argumentation renommée du Père Salès, trouva plus prudent de ne pas paraître.

Mais derrière cette abstention se dissimulait une terrible rancune. S'il faut en croire les historiens, tant catholiques que protestants, le succès du Père Salès avait exaspéré les ministres qui cherchèrent à obtenir par la violence des armes la victoire que leur refusait la controverse.

Le Père Salès était trop perspicace pour ne pas deviner la colère et soupçonner les menées des ministres. Il essaya d'attirer sur elles l'attention de M. de Montréal, mais en en vain. Celui-ci, qui se fiait à une trève solennellement promise, se demanda au contraire si le Jésuite ne manquait pas de courage et si la crainte des adversaires ne troublait pas son esprit !

Les intuitions du zélé prédicateur n'étaient pourtant que trop fondées, et, pendant la nuit du 6 février 1593, la ville d'Aubenas était plongée dans le sommeil, quand les dormeurs entendirent à deux heures du matin, le son de la trompette et les cris : A mort ! A mort !

Sous la conduite du sieur de Sarjas et de quelques autres, 120 hommes d'armes, réfugiés à Vals, pour la plupart, avaient escaladé le rempart du nord et, criant à tue-tête, avaient tellement épouvanté la garde et les citoyens qu'ils avaient réussi à s'emparer, sinon de suite du château, du moins de la ville.

Ferme à son poste avec son compagnon, le Père Salès attendit le jour et les évènements. Mais la lumière ne s'était pas encore répandue sur la ville que trois hommes d'armes envahirent la maison Veyrenc et, après avoir fait subir aux deux religieux un court interrogatoire, les entraînèrent en « clabaudant » vers la maison Béranger de la Tour, où Sarjas avait pris son cantonnement. Celui-ci, qui n'entendait pas grand'chose à la théologie, expédia les prisonniers à la maison Lantouzet, chez son ami, le calviniste Louis de la Faye qui, au moment où ils arrivèrent, déjeunait joyeusement en compagnie de plusieurs ministres. On fait mine d'accueillir avec égards les deux nouveaux venus, on leur offre même des vivres ; mais comme, en ce jour de samedi, ils refusent le potage « qui était de chair », il n'en faut pas davantage pour donner lieu à une vive dispute sur la religion.

Aux objections et aux blasphèmes des hérétiques, le savant controversite répond avec une victorieuse aisance. On devine s'il les exaspère. Déjà le fameux Labat, qui naturellement se trouvait à table, murmure : « Tuez-les, tuez-les ; ils suffiraient à empester toute la terre ».

Par trois fois, en cette même journée, raconte en son beau livre M. l'abbé Blanc, la discussion reprend entre le Jésuite et les ministres, et un groupe assez nombreux d'auditeurs suit la controverse dans les salles de la maison. Après avoir erré sur différents sujets, la discussion finit par se circonscrire dans l'examen du dogme adorable de la Sainte Eucharistie et, en fin de journée, le défenseur de la foi catholique, qui sur tous les points a confondu ses adversaires, leur laisse entre les mains un savant traité qu'il a composé naguère sur les sacrements.

Les confesseurs de la foi passent alors la nuit dans une salle basse et froide, presque sans nourriture. Le lendemain l'interrogatoire recommence et porte toujours sur le même objet, mais le religieux répond en vainqueur et, s'il faut en croire ses premiers historiens, la joûte théologique tourne comme la veille à l'entière confusion des ministres. Labat hors de lui sort enfin de la maison Lantouzet : il veut adresser un prêche à la foule assemblée dans la rue, il monte sur une estrade, il agite fiévreusement les feuillets du traité composé par sa victime, il profère les plus affreux blasphèmes contre la présence réelle et contre ceux qui l'enseignent, puis il convie le peuple présent à se débarrasser par la mort du prédicateur catholique ; ainsi ajoute-t-il, le prophète Elie fit massacrer les prêtres de Baal après les avoir convaincus d'imposture.

Une foule passionnée, même hérétique, ne se décide pas sans quelque résistance à exécuter un ordre de cette nature. Cette suggestion féroce rencontre des hésitants. Quelques-uns proposent d'échanger les religieux contre tel ministre retenu lui-même en prison, d'autres émettent l'idée d'obtenir de M. de Tournon pour le rachat du condamné une rançon importante. Comme toujours en pareille circonstance, le parti violent finit par prévaloir. Labat insuffisamment servi par les tergiversations de la foule se tourne vers le soudard Sarjas et celui-ci donne ordre à trois de ses soldats de se rendre à la maison Lantouzet pour y tuer les deux prisonniers. Mais ces malheureux militaires n'entendent pas devenir des bourreaux et refusent le service commandé. Labat se met alors à la tête de la horde cruelle. Le voici qui part, suivi, dit le Père de Gissey, « d'une grande troupe de gens d'armes », commandés par Sarjas. Celui-ci, arrivé au logis Lantouzet, monte vers les deux religieux, avec quelques soldats. « Suis-moi, idolâtre pharisien, crie-t-il au Père Salès ». Le héros de l'Eucharistie répond : « Allons, au nom de Dieu ! ». A ce moment les regards se tournent vers le frère Saultemouche. Jacques Salès essaie de le sauver. « Qu'on l'épargne, s'écrie-t-il, il n'est pas homme de lettres et l'on n'a rien à craindre de lui ! ». Mais, semblable à St Laurent lorsqu'il voulait suivre au martyre le pontife St Sixte, Guillaume s'écrie noblement : « Je ne vous abandonnerai point, mon Père, ains je mourrai avec vous pour la vérité des points que vous avez disputés ». Tous sortent. Le ministre Labat suit dans la rue ceux qui vont mourir. Jusque sur le chemin du supplice il poursuit le Père Salès d'arguments contre la présence réelle, et le sublime controversiste ne cesse pas de lui répondre victorieusement. « Dépêchez cela, dépêchez cela, crie alors le ministre à bout de raisons, il ne mérite pas de vivre ! ». « Puis, ajoute le Père de Gissey, il tourne bride et se retire ». Labat parti, un capitaine huguenot ordonne à un soldat d'exécuter l'assassinat, mais l'homme refuse énergiquement. Il faut que les gens de Sarjas acceptent l'infâme besogne. Tandis que les deux saints religieux, prosternés dans la rue à cinq pas environ de la maison Lantouzet, se préparent à la mort en priant, un misérable, qu'on nommait Vital le Simple, décharge son arquebuse de si près que la soutane de Jacques Salès prend feu à la hauteur de l'épaule fracassée, « Mon Dieu, pardonnez-leur, s'écrie le héros ». Un des assistants l'achève d'un coup de couteau dans la gorge et le Père expire en redisant comme Sainte Jeanne d'Arc : « Jésus, Maria ! »

Lorsque Guillaume Saultemouche a vu Jacques Salès gisant dans son sang, il se jette sur lui pour l'embrasser. Il ne l'abandonnera pas mort, non plus qu'il ne l'avait abandonné vivant. A cette vue le meurtrier du Père le frappe d'un coup de dague au sein. Il tombe. Les assistants, enivrés de sang et de fureur se jettent alors sur lui. Ils le percent de leurs épées, ils le frappent de leurs bâtons ferrés, ils le poignardent enfin, et, les bras toujours en croix, le pieux frère répète un mot favori par lequel se révélait fréquemment le courage foncier de son âme : « Endure, chair, endure un peu » ! Criblé de dix-huit blessures, il résiste encore quelque temps à la mort, puis, ramenant ses bras en forme de croix sur la poitrine, il expire.

**

Le martyre du Père Jacques Salès et du frère Saultemouche couvre de gloire la célèbre Compagnie à laquelle ils appartenaient et qui a si justement repris et mené à bien le procès de leur béatification.

Il honore grandement aussi l'Eglise de Clermont dont, par leur naissance, ils sont tous deux les enfants.

Quant au diocèse de Viviers, il a bien le droit de se réjouir aussi.

En vérité, puisque les deux illustres fils d'Ignace ont vécu et qu'ils sont morts pour nous, puisque, pendant des siècles, nos pères ont vénéré leur souvenir, puisque leurs restes sacrés ensevelis d'abord, puis pieusement transférés par des mains vivaroises, reposent en partie dans l'église d'Aubenas, oui, ces martyrs sont bien à nous.

Mais c'est surtout une grande pensée catholique qui doit nous porter vers eux, car ils scellèrent de leur sang leur croyance au dogme de la Sainte Eucharistie. « Le généreux martyr de J. C., le Père Jacques Salès, a écrit le Père St Jure, religieux de notre compagnie, parmi ses autres vertus, avait pour le Saint Sacrement une dévotion particulière qui le portait à en parler très souvent ; il ne laissait passer aucun jour sans le visiter plusieurs fois ; si on l'appelait à la porte pour parler à quelqu'un, s'il retournait à sa chambre, s'il allait dans la maison, en passant et en repassant auprès du jubé, d'où il pouvait voir le tabernacle où reposait Notre-Seigneur, il y entrait chaque fois pour lui offrir les hommages de son cœur ; on a remarqué même qu'il ne se passait pas une heure qu'il n'allât visiter le Saint Sacrement. Ce fut pour la défense du mystère de l'Eucharistie et pour en soutenir la vérité qu'après une longue et savante dispute, il fut tué à Aubenas, par les hérétiques, d'un coup d'arquebuse ».

A condition d'associer à ces paroles le nom et le souvenir du bon frère Saultemouche, on ne saurait présenter en termes plus complets le titre principal des deux jésuites d'Aubenas à la vénération de l'Eglise entière et par conséquent à la nôtre.

Tournons-nous donc avec enthousiasme vers ceux que le Pape va solennellement placer sur les autels. Demandons-leur d'abord d'obtenir de Dieu que nous croyions à la Sainte Eucharistie et que nous l'aimions comme ils ont cru en elle, comme ils l'ont aimée. Faisons d'eux, aussitôt que les règles liturgiques nous le permettront, les patrons de nos œuvres eucharistiques, et prions-les de garder au cœur des Ardéchois dont ils évangélisèrent les ancêtres, cette fermeté, cette vaillance chrétiennes que le souffle de l'hérésie n'a pas abattues jadis, que la peste du laïcisme n'atteindra pas non plus aujourd'hui.

Mais ne nous contentons pas de les invoquer bientôt. Associons-nous dès maintenant à leur glorification prochaine. Prions pendant les semaines qui nous séparent du 6 Juin, pour que la déclaration et les fêtes projetées s'illuminent de paix, de splendeur et de piété. L'année ne se passera pas sans doute sans que nous prenions part aux triduums locaux qui s'organiseront en leur honneur ; rendons-nous à Rome en attendant, en aussi grand nombre que possible, pour y chanter près du Saint Père, au jour de leur exaltation, le Te Deum de l'Ardèche reconnaissante.

COMPTE RENDU DES FÊTES

La *Semaine Religieuse* de Viviers et de nombreux journaux locaux ou régionaux, tels que *L'Impartial Ardéchois*, *La Croix de l'Ardèche*, *Le Nouvelliste de Lyon*, *Le Nouveau Journal*, *L'Eclair de Montpellier*, d'autres encore, ont donné des solennités de notre Triduum des comptes rendus détaillés très complets et très intéressants.

Les reproduire simplement à la suite, ne serait-ce pas la meilleure manière de donner à nos lecteurs l'idée la plus exacte et la plus vivante de nos fêtes, qui garderaient ainsi leur vraie physionomie, telle qu'elle apparut et s'imposa au moment même ?

Chaque correspondant en effet, complétant son voisin, a vu les choses sous son angle spécial, avec sa note personnelle ; de sorte que de l'ensemble ressortirait bien l'impression générale, qui fut celle de tout le monde, à savoir que nos fêtes furent grandioses, émouvantes, inoubliables, réussies de tout point, dépassant même tout ce qu'on pouvait attendre.

Mais ne serait-ce pas aussi nous exposer à d'inévitables redites qui finiraient peut-être par devenir fastidieuses ? Voilà pourquoi, sans les reproduire à la lettre, nous ferons à ces comptes rendus de la Presse les plus larges emprunts.

Le présent travail consistera donc à peu près exclusivement à relier par quelques mots de transition et, au besoin, d'explication, ces différents extraits.

·.·

Il est cependant une chose qu'un correspondant occasionnel ou de passage, si bon observateur fût-il, écrivant nécessairement d'une manière un peu hâtive, sous l'impression immédiate des faits, et par conséquent, sans recul suffisant, ne pouvait ni bien saisir, ni bien exprimer.

Nous voulons parler de l'atmosphère, de l'ambiance morale, que l'annonce, l'approche et la préparation de nos solennités, avaient, à l'avance, créée tant à Aubenas même que dans les environs, dans la région et, nous pouvons le dire, dans tout le Vivarais.

C'est pourtant, à notre avis, ce qui leur donne toute leur signification et leur haute portée ; c'est ce qui les situe dans leur véritable plan. C'est aussi ce que nous voudrions tout d'abord essayer de noter, avant de passer la parole à d'autres.

Avant les Fêtes

On allait donc, après Rome, après les inégalables splendeurs de St Pierre, dont les échos nous étaient parvenus, glorifier solennellement, pendant trois jours, *chez nous*, dans l'Eglise d'Aubenas, des Bienheureux, des Martyrs de *chez nous !*

Tellement de chez nous, que chacun pouvait, dans les rues de notre ville, suivre sans hésiter, en mettant ses pas dans leurs pas, les douloureuses stations de leur Calvaire, s'agenouiller à l'endroit précis où leur sang fut versé...

La date de ces solennités était fixée... Monseigneur l'Evêque de Viviers les avait annoncées officiellement par une éloquente lettre pastorale (1)...

Ce fut dans nos populations vivaroises un émoi très profond : émoi qui allait grandissant à mesure que la date approchait.

On en parlait partout ; et dans l'accent avec lequel tout le monde, croyants et incroyants, ou du moins regardés comme tels, disait le simple mot : « Nos Martyrs » on sentait vibrer les cœurs. Et comme s'il se fût agi d'une fête de famille — et c'était bien cela ! — chacun en désirait le plein succès et était prêt à y contribuer.

____

(1) Lettre citée plus haut.

Tout de suite, on n'en pouvait douter, la faveur populaire était universellement acquise à nos fêtes : Aubenas, le Vivarais les avaient adoptées.

Qu'on le veuille ou non, c'est un fait : la sainteté, surtout prouvée par le martyre, a le don de fasciner les foules et d'exciter l'enthousiasme : mort ou vivant, rien n'attire comme un saint !

Une fois de plus on en avait la preuve.

A cet entraînement n'était certes pas étrangère la vague de fond qui, de nos jours plus que jamais, pousse vers l'Eucharistie à la fois les foules et l'élite : or il s'agissait des martyrs de l'Eucharistie !

Par surcroît, à ce double attrait de la Sainteté et de l'Eucharistie, s'en ajoutait un autre très puissant. De nombreux Evêques — huit, disait-on — devaient prendre part à nos Fêtes ! Le magnifique et très rare spectacle de tant de prélats réunis, en plus de la légitime curiosité qu'il excitait, était bien de nature à réveiller dans les âmes le sentiment chrétien...

Un Evêque, même lorsqu'il est isolé, l'Evêque du diocèse par exemple, produit, partout où il paraît, une grande impression. Ce simple mot sans plus « Monseigneur » par lequel nos populations désignent leur Evêque, traduit bien à lui seul leur respect et leur vénération pour celui en qui elles voient — ce qu'il est — un successeur des Apôtres.

Or ils devaient être huit !

Cela laissait pressentir ce que seraient la beauté et l'éclat des Offices solennels où l'on verrait rassemblés tous ces Pontifes.

Et c'est encore un fait : la foule est avide et ne se lasse jamais des pompes liturgiques, où ses yeux, son cœur et son esprit trouvent une incomparable jouissance.

Non, vraiment, pas besoin n'était de réclame dans les journaux ou d'affiches sur les murs : on pouvait en être sûr, les foules accourraient... trop nombreuses peut-être.

∴

Puis, le temps passant vite, ce furent, les quelques derniers jours, dans l'Eglise d'Aubenas, centre de tout ce mouvement d'âmes, les préparatifs immédiats.

Ce n'était pas petite chose !

Qu'on nous permette d'introduire un instant le lecteur dans ce que nous appellerions volontiers « les coulisses » de nos fêtes...

Cela aussi était à voir et ce souvenir est à conserver, car rien ne fait plus d'honneur à la paroisse d'Aubenas.

Notre vieille et vénérable église semblait, à voir les échelles dressées contre les piliers et les murs, dans le chœur et dans la nef, transformée en un véritable chantier, où, pour aller plus vite, se trouvaient réunis, travaillant ensemble, tous les corps de métier : électriciens, tapissiers, menuisiers, etc...

A ce travail, à cette activité pleine d'ardeur mais sans agitation, deux hommes présidaient.

D'abord un prêtre de haute et puissante stature, aux traits énergiques, un Père Jésuite, disait-on, (le Père de la Granville). C'était le grand décorateur, le grand ordonnateur.

Il avait d'un coup d'œil mesuré les dimensions de l'édifice dans tous les sens : son plan était conçu, et, sûr de lui, il distribuait les tâches et commandait en paroles brèves et précises. Jamais chef ne fut plus allégrement obéi ! Ce qui ne l'empêchait certes pas de mettre la main à la pâte et de payer de sa personne... et comment !

A ses côtés, toujours aimable et souriant, avec cette cordialité rayonnante, faite de distinction et de simplicité, qui le caractérise, notre Curé, M. le Chanoine Demars, secondé par ses dévoués vicaires, allait et venait, l'œil à tout. L'écrasante responsabilité des fêtes toutes proches ne semblait pas le préoccuper outre mesure, ni surtout l'assombrir. N'était-il pas sûr de sa paroisse, fertile, il le savait, en dévouement, en bonne volonté et en ressources de toute sorte ?

Sa Paroisse ! Elle était représentée en ce moment autour de lui, dans son église, par ces hommes, ces dames, ces jeunes filles, ces jeunes gens, ouvriers bénévoles et diligents du bon Dieu et de nos Bienheureux Martyrs, s'employant, à qui mieux mieux à toute tâche, à tout travail à faire... et le travail ne manquait pas !

Autant qu'à un chantier, notre église ressemblait en effet à une ruche, à entendre le bourdonnement des voix contenues malgré tout par le respect, bien que la sainte Réserve eût été retirée du Tabernacle.

Du haut des tribunes, du sommet des échelles, les interrogations tombaient : « Est-ce bien comme cela ? » et d'en bas les réponses montaient : « Très bien !... Un peu à droite... Un peu à gauche. » Je vous le répète, c'était très beau à voir. La suite nous dira quel fut le résultat merveilleux de cette harmonieuse activité. Mais c'était simple justice de rendre ce témoignage à ceux et à celles qui furent les artisans — et les artistes — du cadre somptueux et magnifique dans lequel nos solennités se déroulèrent.

Et nous sommes bien sûrs qu'au soir de ces journées fièvreuses tous et toutes étaient encore plus heureux que fatigués. Ainsi se réalisait la célèbre parole : « *Ubi amatur non laboratur...* Lorsqu'on aime rien ne coûte, ou si quelque chose coûte, on aime ce qui coûte... »

Décidément Aubenas, curé et paroissiens, aimait bien ses Martyrs !

Ailleurs qu'à l'église, et à l'église aussi, autour des orgues, mais à des heures différentes, se manifestait égale activité et pareil dévouement.

Pendant en effet que des mains délicates et habiles ornaient le sanctuaire et tissaient le cadre de fleurs et de lumières qui ravirait les yeux, notre Chorale préparait à nos fêtes un cadre d'harmonie.

Notre chorale a fait depuis longtemps ses preuves, c'est entendu, mais dans la circonstance, pour chanter nos Martyrs ne devait-elle pas se surpasser ? Honneur oblige !...

Et les répétitions se multipliaient sous la direction d'un chef habile autant qu'aimé, M. l'Abbé Veyrier, notre premier Vicaire. Mais bientôt parmi nos artistes régna un tranquille contentement : on le sentait, ça irait, ça allait...! Voix et instruments étaient au point.

On verra en effet ce que ce fut : des splendeurs musicales, qui surent donner la voix qui convenait à l'enthousiasme universel.

.˙.

Nous aurons, sinon tout dit, au moins l'essentiel, sur cet « Avant les Fêtes », lorsque nous aurons porté au tableau d'honneur ces jeunes gens et ces jeunes hommes qui se firent les *Commissaires* de nos fêtes pour endiguer et diriger les foules.

Leur brassard blanc et rouge leur donnait-il grâce d'état ? Toujours est-il qu'avec un tact, une discrétion, une fermeté et un coup d'œil très sûrs, ils réussirent à maintenir la discipline et un ordre parfait.

Au dehors. au dedans, ils étaient partout, partout à l'aise, doucement intransigeants sur la consigne et sachant rester toujours aimables.

Leur empressement déférent et leur distinction ne fut pas ce qui charma le moins nos Hôtes illustres, NN. SS. les Evêques qu'ils furent chargés de *piloter* au grand jour du Dimanche...

Ils firent honneur à la courtoisie française et vivaroise.

Omnia parata ! Tout était prêt : nos Fêtes pouvaient. donc commencer.

Les Fêtes du Triduum

« Grandioses, magnifiques, splendides, féeriques, redisent à l'envi tous ceux qui y ont assisté » lisons-nous dans *L'Eclair de Montpellier*...

« Elles ont laissé dans les âmes des impressions et dans les yeux des visions qui dureront longtemps » dit de son côté *L'Impartial*.

Essayer d'expliquer de quoi furent faites ces magnificences et ces splendeurs, et d'où provenaient ces impressions si profondes et ces merveilleuses visions ; dire quels furent les éléments divers qui constituèrent cet ensemble grandiose : telle est maintenant notre tâche. Elle n'est pas facile, car si le cœur a des raisons que la raison ne comprend pas, encore moins la parole et la plume peuvent-elles rendre compte de ce que, comme dans un éclair et sans peine, l'œil, l'oreille, le cœur et l'esprit perçoivent et saisissent. Quoi qu'on fasse le meilleur en reste inexprimé... Aussi bien avant d'entrer dans les détails, qu'on nous permette de donner des journées de notre Triduum, ce raccourci suggestif et saisissant que nous prenons dans la *Semaine Religieuse* :

« Décoration aussi riche qu'élégante, cérémonies exécutées d'une façon parfaite, très beaux chants minutieusement préparés, sermons et panégyriques dont nulle banale épithète ne peut qualifier l'éloquence, assistance énorme, recueillie, ordonnée et pieuse, présidence extraordinaire et imposante de huit prélats, enthousiasme sans cesse grandissant jusqu'à la soirée triomphale du dimanche 28 qui, grâce au discours de Mgr Tissier, s'acheva en apothéose : voilà en très bref, le résumé et la caractéristique de ces trois belles journées. Ajoutons que, par une délicate attention de la Providence, un magnifique soleil, lumineuse éclaircie entre deux périodes pluvieuses, brilla d'une façon quasi inespérée sur toute la fête.

« La belle couronne de prélats qui étaient venus glorifier les Bienheureux Martyrs se composait, avec Mgr Hurault, évêque de Viviers, de NN. SS. Tissier, évêque de Châlons, Nègre, ancien auxiliaire de Viviers, Marnas, évêque de Clermont, Paget, évêque de Valence, Girbeau, évêque de Nîmes, Rousseau, évêque du Puy, et du R. P. D. Augustin, Abbé de Notre-Dame-des-Neiges ».

Pour mettre un peu d'ordre dans ce qui va suivre, nous parlerons, en allant pour ainsi dire du dehors au dedans, d'abord des décorations de l'église, ensuite des cérémonies et des offices du matin, des grandes prédications du soir, c'est-à-dire des panégyriques, des chants, enfin des foules accourues et de leur attitude pendant le Triduum.

Les décorations de l'église

Nous en emprunterons textuellement la description à *L'Impartial Ardéchois*, persuadé qu'on ne saurait mieux dire, ni plus exactement, ni plus élégamment.

« Ceux qui l'ont vue n'oublieront pas cette merveilleuse décoration qui faisait de notre église une vision éblouissante.

« De la voûte se détachaient de nombreuses et longues banderolles de gaze blanche et rouge, aux couleurs de la foi et de la charité, allant se rattacher soit aux angles, soit aux colonnes de l'église, et formant, au-dessus des fidèles, un immense baldaquin multicolore.

« Les colonnes étaient ornées d'oriflammes sur l'écarlate desquelles des palmes encadraient un calice doré, symbole de la sainte Eucharistie pour laquelle les martyrs avaient répandu leur sang et donné leur vie.

« Les tribunes disparaissaient sous des draperies rouges portant en lettres d'or les paroles les plus frappantes et les plus significatives que les Bienheureux avaient prononcées au cours de leur existence et surtout dans les diverses phases de leur passion et de leur martyre ».

Ces paroles, les voici relevées par *La Croix de l'Ardèche :*

« Du côté de l'Epître, celles du P. Salès : « Pour la cause de Dieu, je suis prêt à mourir ».

« Mon frère, recommandons-nous à Dieu ».

« Mon Père, pardonnez-leur. Jésus, Marie ! »

« En face, les paroles du Bienheureux Guillaume Saultemouche : « Mon Père, je mourrai pour la vérité des points que vous avez défendus ».

« Endure, chair, pour Dieu endure encore un peu ».

« Je veux suivre celui dont je suis le compagnon ».

Ces inscriptions contribuaient, presque autant que les Reliques exposées sur l'autel et que les tableaux de nos Bienheureux, dont nous parlerons tout à l'heure, à rendre

L. LEYVASTRE. DEL.

leur présence pour ainsi dire sensible pendant toutes les cérémonies qui se faisaient dans notre église.

Le correspondant de *L'Impartial* continue :

« Le chœur, aperçu de la porte d'entrée, offrait aux yeux un agréable tableau ; mais vu d'un regard plongeant, contemplé des hauteurs de la tribune des orgues, il constituait un spectacle tout simplement ravissant pendant les offices de la journée, une véritable féerie pendant les cérémonies dernières du soir.

« Les colonnes des magnifiques boiseries étaient enrubannées de guirlandes faites uniquement avec des roses blanches ou rouges, semées avec une profusion que les étés ne connaissent pas toujours, et dissimulant en leurs corolles des centaines et des centaines d'ampoules électriques. Et ces guirlandes de fleurs et de lumières grimpant le long des colonnes serpentaient ensuite le long des entablements, chapitaux et corniches.

« Les stalles avaient été remplacées par des prie-Dieu recouverts d'écarlate et de pourpre, réservés à Nosseigneurs les Evêques, et faisant pour ainsi dire une suite naturelle aux trônes occupés par l'Evêque diocésain et par l'Evêque célébrant.

« Au - dessus du maître - autel, paré de ses plus beaux atours, étincelait la massive châsse argentée où seront désormais conservées et vénérées les reliques des Bienheureux.

« Enfin, tout en haut, dans les airs, au-dessus de la table sainte et du sanctuaire, deux grands tableaux, encadrés de guirlandes et de palmes ; l'un représentait les deux Jésuites en adoration extatique devant le Saint Sacrement, l'autre le massacre des deux généreux défenseurs de la Sainte Eucharistie.

« Ceux qui l'ont vu se rappelleront la magnificence du spectacle présenté par l'ensemble de l'église aux assemblées du soir quand l'illumination soudaine de toutes les ampoules électriques embrasait simultanément des foyers ardents ou des lignes éclatantes de lumière. Qu'ils étaient beaux, ces lustres dont les cristaux à facettes projetaient des éclairs de tous côtés ! Et ces cordons lumineux, ou plutôt ces rivières de diamants, aux feux multicolores dont les scintillements d'opale, d'améthyste, de saphir, de rubis, de topaze, d'émeraude, dessinaient les lignes droites, arrondissaient les angles, enlaçaient les torsades des colonnes, festonnaient les tribunes et transformaient les tableaux des Bienheureux en apparitions mystérieuses descendues des parvis célestes !. »

Un simple détail : pour confectionner ces guirlandes, nous apprend le correspondant de *La Semaine Religieuse*, bien placé, croyons-nous pour le savoir, il n'avait pas fallu moins de douze mille roses faites par les jeunes filles d'Aubenas ; et parmi ces festons brillaient plus de mille ampoules électriques ! Tel fut le cadre de nos fêtes. N'avions-nous pas raison de dire qu'un tel effort, couronné d'un tel succès, fait le plus grand honneur à la paroisse d'Aubenas ?

Cérémonies et Offices divers

Nous grouperons sous ce titre tous les exercices qui eurent lieu chaque matin au cours du Triduum et qui, par la Sainte Messe et la Sainte Communion, furent plus spécialement eucharistiques.

Nous y joindrons même toutes les cérémonies de la journée du samedi, à l'exception de la grande assemblée du soir. De la sorte, nous ne réserverons, pour en parler à part, que la magnifique messe pontificale du dimanche et les trois panégyriques du soir qui, avec les Saluts très solennels dont ils furent suivis, constituèrent les grandes démonstrations de nos fêtes, celles où affluèrent des foules innombrables.

Grâce au programme qui précède ces pages — et qu'il est indispensable d'avoir sous les yeux — il sera très facile à chacun de se reconnaître et de nous suivre.

Glorifier nos Bienheureux Martyrs, et pour cela faire prier, instruire et édifier, tel fut le véritable but de notre Triduum. Ce but, on va le voir, fut magnifiquement atteint.

Nous prendrons ici pour principal guide la *Semaine Religieuse*, à qui revenait, comme de juste, le soin de faire ressortir surtout le côté intime et pieux de nos solennités.

Matinée de vendredi, 26 novembre. — Ce fut par la prière, sous sa forme la plus touchante et la plus efficace, qui, plus que toute autre, devait plaire aux Martyrs de l'Eucharistie, la Sainte Messe et la Communion, que s'ouvrit le Triduum.

C'est aux dames et aux jeunes filles que fut plus particulièrement réservée cette première cérémonie du premier jour.

Cet honneur des prémisses n'était-il pas dû à celles qui sont les reines et les anges gardiens de tout foyer chrétien, à celles qui en font la douceur et le charme par le dévouement, la tendresse et l'abnégation ?

La femme n'est-elle pas dans la famille l'alliée naturelle de Dieu dont les intérêts se confondent avec les siens ? Là en effet où Dieu garde sa place, la femme n'est-elle pas assurée de conserver celle qui lui revient ?

D'autre part, n'est-ce pas dans le cœur d'une mère chrétienne que tous les saints ont trouvé le premier aliment et les premières inspirations de leurs vertus ? N'est-ce pas à la même source que chacun de nous a puisé ce qu'il porte en soi et garde de meilleur ?

Et c'est bien parce que la Sainte Communion est le dogme générateur de la foi de nos mères et de la pureté des jeunes filles que les unes et les autres furent si nombreuses et si empressées dès ce premier matin !

Ce n'étaient certes pas encore les foules que nous verrons bientôt ; mais c'était déjà, dans leur plus belle expression, la ferveur et l'élan des cœurs vers Dieu, en l'honneur de nos martyrs. Ce fut une bien touchante cérémonie.

Que Dieu conserve, pour le salut de la famille et de la société au cœur de la femme française les trésors de la foi et autour du front de la jeune fille, comme un nimbe d'or, la modestie chrétienne !

La journée des enfants. Matinée et après-midi du Samedi, 27. — Le samedi, second jour du Triduum, fut bien, ainsi que l'indiquait le Programme, la journée des Enfants. Sauf la grande cérémonie du soir, tout fut pour eux. Et vraiment ils firent bien les choses. Ils furent en effet près de cinq cents qui, à la messe de 7 h. 1/2, célébrée par M. le Curé, s'approchèrent de la Ste Table dans la seule église d'Aubenas, pendant que, à la même heure et à la même intention, d'autres, par centaines aussi, communiaient dans leurs paroisses et leurs communautés.

Il était impossible de contempler ces phalanges d'enfants de tous les âges, au regard si pur et au front si radieux, attentifs à la moindre indication de nos deux dévoués vicaires, MM. Veyrier et Dexpert, sans se sentir les larmes aux yeux ! Ah ! comme nos Bienheureux devaient se pencher amoureusement du haut des célestes parvis, et sourire, tandis que, à travers les rues de la ville, témoin de leur martyre, accouraient avec empressement tous ces petits vers la Ste Eucharistie qu'ils avaient prêchée, défendue et pour laquelle ils étaient morts !...

Quelles belles moissons avaient germé de leur sang généreux !

Ajoutons que si jamais le nom du grand Pape Pie X, qui ouvrit toutes grandes à l'enfance les portes du Tabernacle, mérita d'être glorifié, ce fut bien ce jour-là !...

Lui aussi dut sourire et bénir de se voir si bien compris et obéi.

Ce fut le R. Père Salet, l'éloquent panégyriste de la veille, qui leur adressa une substantielle et touchante allocution. Il leur parla, en sachant admirablement se mettre à la portée de son jeune auditoire, de la *dernière* communion de nos Martyrs, qui fut aussi la plus généreuse, et donc le parfait modèle des nôtres... Les enfants buvaient ses paroles avec avidité. C'était vraiment, en attendant la communion, la rosée du ciel qui tombait sur ces âmes en fleur !

Le grand moment est venu : après avoir *chanté*, sur une mélodie facile et pénétrante et sur des mots très simples, les actes avant la communion, les enfants admirablement recueillis, s'avancèrent en longues théories pour recevoir Celui qui, au Tabernacle, comme autrefois pendant sa vie mortelle, les attire toujours et sait si bien les aimer.

Plusieurs prêtres, pour que ce ne fût pas trop long, distribuaient en même temps le Pain de Vie.

Les actes après la communion, selon la très heureuse innovation déjà signalée, furent encore chantés sous la direction de M. l'Abbé Veyrier. Une courte action de grâce, et ravis, les enfants s'en allèrent. Ce fut très beau ! Et nous comprenons très bien la parole d'un homme qui, à leur sortie de l'église, regardant défiler les enfants, nous disait : « N'est-ce pas, Monsieur,

Ils ne l'auront jamais, jamais, l'âme des enfants de la France ! »

* *

A la messe pontificale célébrée à 10 h. 1/2 par Mgr Nègre, ancien auxiliaire de Viviers, les enfants étaient encore là, mais au nombre de plus de mille cette fois, accourus de tous les environs.

De tous leurs yeux candidement ravis, ils contemplaient le déploiement des pompes liturgiques toujours magnifiques, mais plus encore lorsque l'Officiant est un Evêque.

Ce n'était pas sans quelque envie qu'ils regardaient les nombreux petits Séminaristes en soutane rouge et cotta blanche, rangés autour de la table sainte, ou évoluant dans le sanctuaire, avec une angélique gravité, sous la discrète direction des Maîtres de cérémonie.

Les chants, en grégorien très pur, furent exécutés par la Schola du Petit Séminaire, sous la direction de M. l'Abbé Teyssier, avec une perfection et une piété qui forçaient doucement à prier.

Immédiatement avant la sortie le cantique populaire des Bienheureux, éclatant tout à coup, chanté par ces mille voix enfantines, fut d'un effet saisissant! On sentait que les voix comme les cœurs vibraient d'enthousiasme.

.·.

Dans l'après-midi, à 2 h. 1/2, nouvelle réunion des enfants que rien ne lassait et qui n'en avaient jamais assez. Aussi étaient-ils plus nombreux encore que dans la matinée.

Après des chants divers, ce fut de nouveau le R. P. Salet qui les tint sous le charme de sa claire et chaude parole. Il leur demanda de sauver l'Eucharistie dans leur cœur par la fidélité comme nos Martyrs l'ont sauvée par leur mort.

Mais l'émotion fut à son comble lorsque Mgr l'Evêque de Viviers, qui présidait, se leva pour faire prier tous ces enfants. Il leur demanda de répéter à haute voix les invocations qu'il formulait lui-même. Ils le firent de tout leur cœur avec un merveilleux entrain.

Sur l'assemblée durent certainement descendre des grâces précieuses lorsque, dans une dernière et vibrante invocation, le Pontife leur fit demander que Dieu suscitât parmi eux et dans le diocèse entier beaucoup de prêtres pour donner l'Eucharistie aux âmes, et beaucoup de Religieux, de Religieuses et de Maîtres chrétiens pour y conduire les enfants !

Il était impossible, en face de ce spectacle, de ne pas penser à Notre-Seigneur au milieu des enfants.

Un Salut solennel suivit et clôtura cette émouvante cérémonie. Cette fois, c'en était fini pour les enfants, en groupe du moins, car on imagine bien, que mis en goût comme ils l'étaient, ils ne se firent pas faute par la suite de se glisser partout et d'être de la fête! Et chacun se souvenant de la divine parole : « Laissez venir à moi les petits enfants » leur faisait place de son mieux : il leur en fallait du reste si peu ! Telle fut la journée des enfants !

.·.

Première messe du Dimanche — C'était l'aurore du grand jour de notre Triduum qui, d'étape en étape, devait aboutir à l'incomparable apothéose du soir avec le Panégyrique de nos Bienheureux par Mgr Tissier, l'illustre évêque de Châlons. La journée commença par la communion des hommes et des jeunes gens, à qui avait été réservée la messe de 7 h. 1/2.

Ils se montrèrent dignes de l'honneur qu'on leur faisait en venant, au nombre de plus de deux cents, rendre à l'Eucharistie l'hommage de leur amour et de leur foi.

La messe fut célébrée par le Révérendissime Abbé de Notre-Dame des Neiges.

Cette cérémonie revêtit la grandeur et l'impressionnante gravité qu'ont toujours aux grandes fêtes chrétiennes, à Pâques par exemple, les communions d'hommes convaincus, éclairés et par conséquent fiers de leur foi.

L'allocution de circonstance leur fut adressée par le R. Père Goudard, de Lalouvesc. Il leur demanda de laisser circuler en eux la vie divine que donne l'Eucharistie. Si les ossements de nos Bienheureux sont devenus les Reliques que nous vénérons aujourd'hui dans leur châsse d'argent, c'est que, en eux, cette vie circula dans toute son intensité.

.•.

Les grandes cérémonies du soir. Les Panégyriques. — De même que c'était à ces cérémonies inoubliables que resplendissaient de mille feux les magnifiques décorations de notre église, c'est là aussi que, dès le premier soir du vendredi, accoururent les foules, les foules sans cesse grandissantes.

C'est là que, chaque soir, se firent entendre, dans toute leur splendeur, le chant de nos artistes, dans lequel l'âme populaire trouvait son expression.

C'est à ces cérémonies que, du haut de la chaire, tomba pendant ces trois jours la glorification par l'éloquence de la vie, des vertus, de la mort héroïque des nouveaux Bienheureux.

C'est là que le peuple chrétien se sentait vraiment de la même famille que les élus du ciel, que, avec lui, célébraient tant d'illustres Pontifes. A tous en effet s'imposait la vérité rendue tangible du grand dogme de la Communion des Saints, dogme que la foule ne comprend pas très bien peut-être, mais sent très vivement.

Chacun, pendant ces heures inoubliables éprouva ce qu'exprimait la parole des disciples d'Emmaüs : « N'est-ce pas que notre cœur était brûlant tandis qu'on nous parlait de Dieu et de ses saints ? »

Et tout, jusqu'à la dernière minute, malgré la presse, malgré l'exiguité des places, malgré, à certaines cérémonies, les longues stations debout, tout se passa dans l'ordre le plus parfait et le recueillement.

Ce sont ces grandes démonstrations qui ont inspiré à ceux qui en furent les témoins, aux correspondants des journaux en particulier, les expressions enthousiastes que nous avons citées au début de ce travail.

On conçoit en effet difficilement de spectacle plus beau.

**

Nous ne nous hasarderons certes pas à apprécier, encore moins à résumer, les panégyriques qu'il nous fut donné d'entendre, puisque nos lecteurs auront la bonne fortune de les lire et de les savourer à loisir dans leur texte même que cette brochure reproduit *in extenso*.

Disons simplement, pour les caractériser d'un mot, que le premier, celui du vendredi, 26 novembre, fut prêché par le R. Père Salet de la Compagnie de Jésus. L'orateur, jeune encore, mais un maître déjà dans l'art de la parole, sut conquérir et charmer dès l'exorde son immense auditoire.

Tout concourait à cette emprise. Le timbre de la voix claire et puissante, portant sans peine jusqu'aux extrémités de l'édifice, l'action très vivante, généralement contenue, mais éclatant soudain en élans magnifiques, le style très classique, d'une simplicité savante, limpide, harmonieux.

Ce fut, à proprement parler, un charme.

La foule en resta émerveillée et tout embaumée de piété.

Aussi bien cette foule, par une sorte de miracle de compression des corps, se trouva-t-elle plus considérable encore le samedi soir pour entendre le second panégyrique.

Il fut donné par le R. Père Pain, de la Compagnie de Jésus lui aussi. Etaient présents NN. SS. Hurault, Nègre, Marnas, Girbeau, Rousseau et le Rme Abbé de Notre-Dame des Neiges.

Le contraste avec la veille fut complet. Originalité puissante, inédite, dit un correspondant, éloquence fougueuse, dans laquelle l'action, le geste, la voix, tout se précipitait et allait à torrents !

L'orateur glorifia nos Bienheureux qu'il nous montra formés et préparés au martyre à la grande et illustre école de St Ignace qui a donné tant de saints à l'Eglise de Dieu.

Chacun de ces panégyriques, remarquables l'un et l'autre en un genre différent, comme on vient de le voir, fut suivi d'un Salut très solennel, pendant lequel notre schola chanta, en plus de la *Cantate en l'honneur des Martyrs*, des morceaux très réussis, dont le Programme nous donne le détail.

La cantate des Martyrs, composée tout exprès pour nos Fêtes, est l'œuvre d'un poète et d'un musicien de chez nous : MM. Roger de Pampelonne et Guy de Lioncourt. Elle est d'une facture à la fois classique et très moderne ; chantée plusieurs fois au cours du Triduum, elle produisit chaque fois une forte impression.

..

Avant de parler du dernier panégyrique, prêché le dimanche à 3 heures, par Mgr Tissier, qui termina nos fêtes en apothéose, ainsi que s'exprime la *Semaine Religieuse*, qu'on nous permette de consacrer quelques lignes à la messe Pontificale de ce même dimanche.

Chantée par Mgr Marnas, évêque du diocèse de Clermont, d'où nos deux Bienheureux sont originaires, elle fut de la plus imposante solennité tant en elle-même par la magnificence des rites, que par la présence des sept Evêques, du

Rme Abbé, des Prélats et autres dignitaires qui y assistaient et remplissaient le chœur.

Ici encore cédons un instant la parole au correspondant de *L'Impartial Ardéchois*, puisque aussi bien on ne saurait mieux dire :

« Longtemps et toujours même, ceux qui en ont été les témoins se ı appelleront cette présence simultanée, que notre cité n'avait certainement jamais connue, de deux prélats pontificaux : NN. SS. Deschanels et Caussin, vicaires généraux de Viviers; d'un Abbé mitré, de sept évêques, répondant avec un empressement amical à l'invitation de Mgr l'Evêque de Viviers.

« Longtemps et toujours même ils croiront encore voir la splendeur des cérémonies liturgiques des messes pontificales, l'apparat imposant dont l'Eglise entoure l'Evêque qui va célébrer, le nombre des dignitaires qui lui font une cour d'honneur en ces solennelles fonctions, la majesté pieuse et reóueillie de l'officiant.

« Ils n'oublieront jamais le défilé qui avait peine à se frayer un passage soit dans l'église elle-même regorgeant de fidèles, soit dans les rues et les places de la ville : enfants de chœur, prêtres en surplis, chanoines aux costumes variés selon les diocèses, petits séminaristes portant les insignes épiscopaux, enfin évêques bénissant avec un aimable sourire les fidèles qui se pressaient en foule pour baiser leur anneau ! »

C'est du défilé qui eut lieu, avant la messe pontificale, du presbytère à l'église, que vient de nous parler le correspondant de *L'Impartial*.

Mais ce fut à la sortie, lorsque NN. SS. les Evêques se dirigèrent à pied vers le couvent de St Régis où ils devaient prendre leur repas de midi en commun, que la piété des fidèles se donna libre cours. Ce fut une marche triomphale !

Cet empressement des foules entourant chaque Prélat, cherchant à baiser son anneau, demandant sans se lasser des bénédictions ; ces mères de famille et ces pères aussi, présentant, quelquefois à bout de bras et par dessus les têtes, les tout petits, offrait un tableau ravissant !

Décidément les foules voient dans l'Evêque ce que pas un instant elles ne songeraient à voir dans les plus grands personnages du monde, fussent-ils des monarques : une image du Christ toujours vivant dans son église ; et une bénédiction de sa main consacrée se posant sur la tête d'un enfant leur semble un gage de bonheur.

Les Evêques étrangers ne cachaient pas leur joie et leur admiration devant cette foi vivaroise, et eux non plus ne se lassaient pas de bénir.

Quant à Mgr de Viviers, naturellement le plus entouré, il semblait radieux de pouvoir offrir à ses collègues dans l'épiscopat un peuple si chrétien. Cependant il paraissait par moments se demander s'ils arriveraient à se frayer un passage à travers ces flots toujours renouvelés qui les accompagnèrent jusqu'au grand portail de St Régis...

Cérémonie du Dimanche à 3 heures. Panégyrique de Mgr Tissier. — Ici nous laissons la parole à *la Semaine Religieuse :*

« L'Eglise est pleine à éclater ; près de quatre mille personnes ont réussi à y trouver place ; mais un grand nombre ne peuvent entrer ; l'éclat de la fête et la renommée d'éloquence de Mgr l'Evêque de Châlons ont attiré de véritables foules des paroisses voisines. Tous veulent entendre l'éloquent Evêque prononcer le panégyrique des Bienheureux. On compte aussi une centaine de prêtres.

« Nous ne pouvons songer à résumer ce magnifique discours qui d'ailleurs sera publié. Sa Grandeur montre successivement dans les Martyrs de l'Eucharistie les héros de la foi, de l'amour et du sang. Avec quelle ampleur, quelle vigueur et quelle éloquence ! Au récit des faits se mêlaient de profondes analyses d'âme et de doctrine, et de l'exemple donné par les champions sublimes d'autrefois naissaient spontanément de graves leçons pour les chrétiens d'aujourd'hui. L'orateur termine par un éloge émouvant de la Compagnie de Jésus.

« En quelques mots rapides Mgr de Viviers, laissant éclater l'émotion de son cœur, adresse d'affectueux remerciements à l'Evêque qu'il vénère et à l'orateur qu'il admire. Il dit aussi toute sa reconnaissance pour la population d'Aubenas qui a si magnifiquement et avec tant d'enthousiasme fêté la gloire de ses Bienheureux.

« Le salut fut ensuite présidé par Mgr l'Evêque de Valence.»

Nous n'ajouterons que ce dernier détail qui en dit très long. Lorsque l'immense assistance eut évacué l'église, celle-ci, comme par enchantement, se trouva de nouveau remplie par ceux qui n'avaient pas eu de place à la cérémonie...

Ils voulaient au moins vénérer les Reliques des Bienheureux et jeter un coup d'œil sur les décorations...

Il fallut pour ces retardataires malgré eux faire, à plusieurs reprises, resplendir les illuminations.

.·.

Ceux qui portent déjà et porteront dans l'histoire le nom de « Martyrs d'Aubenas », avaient été, on le voit, dignement et grandement glorifiés par la ville témoin de leur martyre et par le Vivarais !

Concluons avec la *Semaine Religieuse* :

« Telles furent ces fêtes dont la réalisation magnifique honore la paroisse d'Aubenas et dont le souvenir restera dans son histoire comme celui d'un de ses plus beaux jours et qui constituent, pour ainsi dire, l'introduction solennelle des Bienheureux Jacques Salès et Guillaume Saultemouche au ciel déjà si splendide de notre hagiographie diocésaine. Leur écho, répété dans toutes les paroisses, ira réveiller partout et exciter encore davantage la foi et l'amour envers la très sainte Eucharistie ».

Discours du R. P. SALET (S. J.)

Monseigneur,

Mes Frères,

Les Bienheureux Martyrs d'Aubenas, Jacques Salès et Guillaume Saultemouche, sont essentiellement les martyrs de l'Eucharistie, et c'est le vocable qui les fera passer à la gloire des siècles. Mais laissant à d'autres voix plus autorisées le soin de commenter le magnifique témoignage que leur mort a rendu à l'Hostie vivante, je voudrais, en ce premier soir du triduum, vous montrer quel chemin, quelle voie triomphale et douloureuse a conduit ces deux hommes, et Jacques Salès en particulier, à la Béatitude du sang versé pour le Christ : c'est le chemin du désir.

S'il est vrai que chacun des saints doit faire de Jésus une découverte personnelle, que dans cette physionomie séductrice un aspect doit se révéler à lui avec une beauté inédite qu'il mettra en pleine valeur, il me semble que Jacques Salès a vraiment découvert le Christ le jour où il a lu dans l'Evangile les mots étranges : « Je dois être baptisé d'un baptême et comme mon âme est mal à l'aise tant que je n'y suis pas plongé! », il me semble qu'il a pénétré intimement au cœur du Maître le jour où il a compris et goûté l'impérieux désir que le Sauveur avait de la mort.

Comme les yeux de Jésus enfant ont cherché d'un regard avide, par delà les collines nazaréennes, le Golgotha ; et comme, tout le long de son existence, le Verbe incarné, Celui que l'Ecriture compare à un soleil, s'est élancé joyeux vers l'occident de sa vie; et comme Il a aimé les routes terrestres parce que, mystérieuses mais sûres, elles le conduisaient vers la Croix, ainsi toute la vie de Jacques Salès a été travaillée par le désir du martyre; et je voudrais vous faire pénétrer en cette âme de héros, vous la montrer perpétuellement à la gêne et à l'étroit sous la tyrannie du désir, je voudrais suivre, à travers toute cette existence, ce désir follement audacieux, ce désir humble et priant, ce désir aux longues patiences et qui finit par se réaliser triomphal dans l'apothéose du martyre. Puisse un tel exemple nous inspirer, à nous aussi, les grandes ambitions de la sainteté !

*
* *

« Devisant quelquefois du martyre, nous dit le vieux biographe du P. Salès, ces deux syllabes lui échappaient « Oh si ! » et ne passant plus outre, il se retenait de crainte d'en manifester davantage ». Mais ceux qui le connaissaient bien complétaient sans peine ces mots brusquement inachevés « Oh ! si je pouvais être martyr ».

Cette envolée de désir qui l'arracha aux médiocrités de la plaine quelconque pour l'emporter en plein ciel de sainteté, nous pouvons du regard la suivre dès l'origine, puisque, l'avant-veille de sa mort, il disait en confidence « Il y a quinze ans que je souhaite avec passion le martyre et que dans mes prières je le demande à Dieu ». Ainsi donc, c'est en 1578, au temps de ses études de philosophie, qu'il s'est livré au désir ravageur et magnifique qui devait faire de lui une victime et un victorieux. Jusque là, qu'avait-il été ce futur martyr ? Il était né à Lezoux en Auvergne, le 21 Mars 1556, d'une famille très modeste; et c'était un petit garçon parmi les autres enfants du village, un petit garçon pieux qui servait beaucoup de messes. Admis par charité au collège de Billom, il s'était montré bon élève tout simplement parmi les dix-huit écoliers pauvres, ses compagnons. A dix-sept ans, en 1573, il était entré au noviciat des Jésuites à Verdun : Novice fervent parmi tant de fervents. A dix-neuf ans, après ses vœux, il avait suivi les cours de philosophie à Pont-à-Mousson et à Paris, étudiant parmi d'autres étudiants. En somme rien que d'assez ordinaire. Mais voici qu'il a vingt-deux ans et qu'à cette heure de la jeunesse où, dit-on, se font les grandes découvertes et où s'orientent les vies marquées pour la gloire, il fait sa découverte capitale ; et ce n'est point une loi de la science pure, ni une de ces merveilleuses inventions qui transforment les conditions de l'existence, ni une formule nouvelle dans l'histoire de l'art, mais une solution au problème inévitable que pose à chacun de nous la destinée. Dès lors il veut être des grands ambitieux qui ont rêvé de se tailler une vie splendide ; et pour cela il se trace un programme de vie d'une terrible originalité, et qui tient en un mot : mourir ! A cette date, en cette âme le désir du martyre est entré, ce désir qui pendant quinze ans ne relâchera plus son emprise. Et désormais sa vie sera soutenue par un perpétuel vouloir mourir !

Paradoxe étrange et ambition incompréhensible au regard humain ! N'allons pas nous imaginer, sur la foi de textes mal interprétés où l'on nous parle de sa nature mélancolique, qu'il y eût chez Salès je ne sais quel désir morbide de mourir ; car la neurasthénie est inconnue à l'Auvergne saine et rude et au 16e siècle ardent à vivre ; n'allons pas croire non plus qu'il fût poussé vers la mort par le goût de la bravade, l'amour du risque et la volonté de « vivre dangereusement », lui qui, peu de jours avant le martyre, se décontenançait et avait peur devant un pistolet chargé qu'on braque sur lui par plaisanterie imprudente. En fait son désir de la mort est tout surnaturel : « Il assurait que le plus grand acte de charité est de donner son sang », le martyre est la forme que veut prendre son amour pour Notre-Seigneur.

Car enfin, lorsqu'on aime le Christ Jésus, comment lui prouver cet amour ? — Ah puisque l'amour en paroles est si peu coûteux et si trompeur, puisqu'il est si facile de faire à son prie-Dieu de l'éloquence enflammée qui n'est qu'une rhétorique lamentable, puisque nous sommes si désireux de nous donner sincèrement, pour toujours, tout entiers et si jaloux de nous reprendre ensuite dans le détail quotidien, puisque tant d'hommes se parent d'une défroque de héros en gardant une âme toute de couardise et que tant de généreux font le geste de mettre tout leur argent aux pieds des Apôtres en se réservant frauduleusement une part — où sera l'épreuve pour faire le triage entre les protestations verbales et l'amour vrai ? comment m'assurer moi-même de ma sincérité ? et quand Notre-Seigneur passant devant moi me posera la question redoutable « m'aimes-tu ? » qui me donnera le droit de lui dire « Vous savez bien que je vous aime » — Ce droit, je l'aurai, oui, si je l'achète en me faisant tuer pour lui. Car si je tiens à la vie, comme tout homme, avec une avarice farouche, au point que me résigner à une mort inévitable est déjà du beau courage, le geste par lequel je consignerai volontairement cette vie entre les mains de Dieu ne saurait être un mensonge, et le cri d'appel que je lancerai courageusement à la mort, ce n'est pas la voix de l'égoïsme qui pourra le clamer, mais seule la voix de l'amour véridique et du dévouement absolu. C'est ainsi apparemment qu'il raisonnait dans sa logique un peu rude car dans l'Evangile, qu'il lisait sans l'énerver par des gloses subtiles, il avait trouvé cette phrase : « Nul ne peut donner de plus grande preuve d'amour que de mourir pour ses amis ».

Et puis, dans ce 16e siècle où tout un vieux monde craque comme un échafaudage, mais où va surgir un autre monde, siècle de démolition et d'espoirs grandioses, siècle où l'on découvre les rivages inconnus, où montent à l'horizon les civilisations nouvelles, tout ami du Christ est un apôtre du Christ. Et le meilleur apôtre, c'est le martyr. « Vous servez la Compagnie en enseignant » lui disait-on, et il répondait : « Je la servirais bien mieux en faisant bien et souffrant avec patience pour me disposer au martyre ». En vérité depuis le Calvaire, le martyre n'est-il pas le procédé apostolique par excellence ? la croix ne vaut-elle pas mieux que des années de prédications et que les plus grands miracles ? et le plus puissant controversiste n'est-il pas l'humble qui se fait tuer ? Non, jamais les discussions théologiques, jamais les colloques de Poissy n'aboutiront à la victoire du catholicisme. C'est que l'argumentation a toujours un air de jeu d'esprit et de passe-temps ; c'est que parmi les distinctions subtiles et les échappatoires, vérité et erreur peuvent se confondre comme dans un corps à corps deux lutteurs ; c'est qu'à un raisonnement on pourra toujours opposer d'autres raisonnements. Voilà pourquoi le seul argument irrésistible et total sera celui où l'on ne donnera pas seulement une de ses idées mais où l'on se jettera tout entier avec son âme et sa vie ; ce ne sont pas les paroles multiples qui feront taire le contradicteur frivole, mais le sérieux des lèvres volontairement closes dans la mort ; le plus beau traité de théologie sur l'Eucharistie est celui qui se terminera par une ligne écrite en rouge : « pour la présence réelle je meurs », et la victoire décisive pour la foi sera la lutte sanglante aux apparences d'échec, la défaite triomphale du martyre.

Oui, une lutte coûteuse, une victoire tragique, voilà ce dont il a rêvé. Car le désir du martyre n'est pas chez lui jeu de l'imagination ; l'amour divin l'a inspiré, l'amour divin n'est pas un jeu. Sa vocation au martyre ne lui est pas venue à contempler les peintures idéalisées des maîtres italiens où l'on voit des St Sébastien dans une attitude harmonieuse souriant à la morsure des flèches. Il évoque, ce réaliste, les bandes armées qui jadis ont effrayé son enfance, alors qu'elles menaçaient la ville et le collège de Billom, et qui, maintenant encore, parcourent la France, pillant, torturant et brûlant ; plus loin, il voit dans l'Angleterre d'Elisabeth, les horreurs de la Tour de Londres, les supplices inventés pour Campian et ces martyrs anglais dont le souvenir ne le quitte pas ; bref toutes les recrudescences de férocité de ce 16e siècle raffiné et brutal, artiste et bourreau ; et c'est tout ce qu'il aperçoit dans ce mot de martyre, tel Jésus, quand il se disait pressé de recevoir le baptême, par delà cette métaphore mystérieuse et pacifiante, désirait d'un grand désir terrible et précis les crachats qui déshonoreraient son visage, les dures épines cruelles, les fouets qui le déchireraient et la croix toute rouge de la neuvième heure.

*
* *

Ce désir que nous avons vu monter en cette âme, voyons-le à l'œuvre dans cette vie. « Il y a quinze ans que je souhaite avec passion le martyre ». En vérité, c'était bien une passion. Oui, la passion avec sa violence qui absorbe et monopolise tous les sentiments d'un cœur, une passion autoritaire et dictatoriale qui disciplinait et entraînait tous ses actes comme en une conscription forcée, car dès lors il n'avait qu'une pensée « agir et souffrir patiemment pour se disposer au martyre » — la passion avec ses élans qui la trahissent et ses brusques silences. « Il disait : « Oh si... » et ne passait plus outre de crainte d'en manifester davantage » — la passion impétueuse qui jette l'homme hors de lui-même et trouble les plus calmes tempéraments, car « un jour qu'il avait à parler à ses élèves du baptême de sang, il dut en préparer les mots qui ne trahiraient pas son ardeur » — la passion avec ses naïvetés et ses fraîcheurs : n'est-elle pas charmante cette dévotion qu'il avait aux reliques des martyrs « afin qu'il pût être lui aussi de leur bande victorieuse », et n'y a-t-il pas de quoi sourire d'émotion à le voir baiser plusieurs fois par jour une lettre de Campian qu'il porte sur lui pieusement ? la passion contagieuse enfin et incendiaire, qui brûle autour d'elle tiédeurs et indifférences, car il inspire partout son rude amour de la douleur : voici que les bons francs-comtois du pays de Dôle, gens positifs et sans lyrisme, après avoir été évangélisés par le P. Salès, ne parlaient dans leurs maladies que de souffrir davantage et sans trêve ; et voici que plus tard le F. Saultemouche qu'on lui donnera comme compagnon de ses missions deviendra tout de suite le compagnon de ses désirs et le suivra fidèle jusqu'au bout, comme puissamment attiré dans un irrésistible sillage. Oui, la passion dominatrice et conquérante, un désir impétueux montant sans fausse timidité jusqu'au plus haut de l'amour, voilà ce qu'il y avait dans ce « Oh si je pouvais être martyr ! » rythmé d'un rythme ardent et sans lassitude comme des battements de cœur.

Et pourtant ce n'était pas un vouloir farouche que ce désir, mais une prière très humble ; car le chrétien n'est pas un surhomme mais un pauvre homme ; il peut tout, mais d'une toute puissance empruntée à Celui qui le réconforte. — Ah ! il le sait trop bien, d'une expérience séculaire, réduit à ses propres forces, que pourrait-il, sinon suivre de loin, comme l'Apôtre, le Maître qui va mourir, et peut-être le rejoindre mais seulement pour le renier ? attaché à la colonne, ne demanderait-il pas grâce au second coup de fouet ? et si dans sa présomption il s'emparait d'une croix sans attendre que le Divin Charpentier la lui eût préparée et mise sur les épaules, jusqu'où irait-il sur le chemin du Calvaire, et la seconde station ne serait-elle pas une chute, la chute lourde où l'âme est complice du corps épuisé, la prostration volontaire de faiblesse et de lâcheté ? — Et c'est pourquoi, devant le martyre, épreuve dont l'inconnu reste angoissant, le chrétien qui n'est pas comme un athlète rompu aux combats de la souffrance, ayant éliminé dans un entraînement scientifique toutes les chances mauvaises et se présentant à la lutte sûr de la victoire, le chrétien, qui devant le danger sent remonter en lui toutes les faiblesses d'un enfant, lorsqu'on lui pose la question « Pouvez-vous boire le calice ? » se garde bien de répondre avec une précipitation naïve « je le peux » ; encore moins oserait-il redire les paroles présomptueuses « Même si devant la mort tous s'enfuient, moi je resterai fidèle » ; mais plongé dans une agonie de peur et de dégoût à la seule imagination des tourments, il se prosterne sous les oliviers à l'exemple de Jésus, appelant au secours contre le désarroi qui l'envahit, priant d'une prière humble, courageuse et monotone — « Il y a quinze ans que je ne cesse de prier. » disait Salès ; et la longue prière préparatoire au martyre ne se termina qu'en cette nuit tragique du 5 février 1593 alors que dans une suprême veillée de prière ces deux héros ayant peur de leur lâcheté possible répétèrent pendant des heures ces paroles humiliées « Seigneur, donnez-nous la force de ne rien dire, de ne rien faire qui soit contraire à votre gloire ou à l'honneur de la Compagnie ».

D'ailleurs, remarquons-le bien, le christianisme a le privilège d'exalter toutes les forces vives d'un homme et d'exploiter jusqu'au bout les sentiments de son cœur. Alors que les philosophies toujours indigentes aboutissent à un idéal de chétive médiocrité pour n'avoir cherché que des compromis et des moyennes entre l'audace et la prudence, entre le sentiment que l'homme a de sa faiblesse et son désir de s'élever à l'héroïsme —, la grâce divine, elle, donne son plein rendement à toute la valeur humaine. Aussi chez nos martyrs, l'humilité n'enlève rien aux grandes ambitions ; l'humble invocation à Dieu donne elle-même une nouvelle impulsion aux désirs ; si la conscience qu'ils ont de leur faiblesse native leur interdit de sortir du rang pour prendre des poses héroïques, elle ne les empêche pas d'avoir des âmes de volontaires ; et lorsque Jacques Salès a dit en pleine sincérité « le martyre ! tel bien n'est pas pour moi ; c'est un don trop exquis que Dieu ne fait qu'à peu de personnes » il ne peut s'empêcher de crier sous la poussée du désir « Et pourtant si vous vouliez ! » — unissant dans les termes même de sa formule favorite l'humilité qui juge l'avenir trop beau pour être réalisable et l'audace du désir qui déjà prend possession de ces lendemains glorieux : « Oh ! si je pouvais être martyr ! »

Mon Dieu, comment n'exauceriez-vous pas de pareils désirs ? Vous qui avez proclamé la prière infaillible, comment n'écouteriez-vous pas cette prière, vibrante comme le cri des lépreux ou des aveugles, humble comme les larmes de la chananéenne ? Vous qui toujours ouvrez la porte, comment n'entendriez-vous pas ces coups, impérieux comme les sommations d'un ami, timides comme un mendiant qui implore ? Vous qui prêtez l'oreille au cri montant des abîmes, comment pourriez-vous bien ne pas répondre à ce cri montant des abîmes de l'âme, abîmes d'humilité et de désir ?

****

Oui, Dieu répondit ; mais d'abord d'une manière déconcertante. A cet impétueux les supérieurs s'appliquent obstinément à préparer une vie tranquille. — Lorsque cet apôtre à l'âme de feu et au corps débile, ou, comme dit le vieil écrivain, « exténué de forces corporelles, gaillard de forces spirituelles », écrit au P. Général pour lui demander les missions lointaines, le P. Général répond en louant ses nobles désirs et et ajoute selon la formule classique, « Point n'est besoin d'aller si loin pour trouver les Indes, vous les trouverez là même où vous vous dévouez au salut des âmes ». Refus bienveillant et définitif. Après les longues années de la vie d'études sans variétés ni périls, on le destine au professorat ; pour cet aspirant au martyre, c'est l'existence au coin du feu. Dieu serait-il parfois ironique ?

Vaine apparence. Dieu ne connaît pas l'ironie. Dieu l'exauçait. Dieu n'avait pas classé sa pétition au martyre, comme au secrétariat du P. Général on avait classé sa demande pour les missions. Mais il était nécessaire que ce désir ardent et humble fût aussi le désir longtemps éprouvé ; et puisque cet homme voulait faire de sa mort un chef-d'œuvre, il lui fallait les longues patiences du génie. Un lent noviciat était exigé. Le martyre n'étant pas un drame sur la scène mais un drame de la vie, il ne suffit pas pour s'y préparer de quelques répétitions sommaires où l'on apprendrait le secret du langage sublime et la manière de lancer à l'auditoire des mots héroïques ; il faut se soumettre à l'apprentissage de l'existence quotidienne. Quand on veut arriver au Calvaire, il faut suivre la voie douloureuse de bout en bout sans rien omettre des stations, et si l'on a l'ambition d'être un crucifié, avant l'honneur d'être victime, il faut accepter la charge de la croix. Un héros, oui ; d'abord un homme de corvée. Le martyr se prépare dans le confesseur ; son rêve s'il n'est pas une rêverie doit se réaliser d'abord dans l'humble sainteté des jours sans histoire. Je comprends dès lors cette lutte minutieuse menée par Salès contre ses défauts et en particulier contre son caractère anguleux et violent — et la fatigue des longues études doublée par un état de malaise continuel — et le sacerdoce retardé par les contretemps — et la grande souffrance, plus acérée que toute autre, de voir son enseignement de professeur dénoncé, à tort du reste, et son orthodoxie soupçonnée — et l'épreuve démoralisante de sentir ses forces brisées et d'être inutile au travail... Tout prend un sens : humiliations, maladies, sentiments d'impuissance, vie obscure ou blâmes éclatants, obéissances coûteuses et perpétuelle endurance, qu'est-ce donc que tout cela sinon des stations d'un chemin de croix ? la vraie façon de poser sa candidature au martyre n'est-elle pas d'être un patient ? la maladie n'est-elle pas un entraînement à la mort ? et qu'est-ce que l'abnégation sinon un essai pour se renier soi-même, en vue du jour où il faudra « haïr sa vie » jusqu'à la sacrifier pour Celui qu'on aime par dessus tout ?

*
**

Le long de ce chemin de douleur et de patience, sur cet itinéraire de quinze années, son désir l'avait animé jour par jour, son désir et la réponse de Dieu. Oui

Dieu lui répondait. Et lorsque pour d'autres le texte des volontés divines restait indéchiffrable, il lisait sans hésitation. — Déjà cette phrase du P. Général « Vous trouverez les Indes là même où vous vous dévouez » que d'autres auraient prise pour une fiche de consolation, lui semble devoir être interprétée comme une promesse ferme et il répond « En ces jours où il n'est bruit que de levées d'armes et où on est menacé à chaque instant d'une invasion d'hérétiques, je ne vois plus de motif de désirer les Indes, car ce que je croyais devoir aller chercher bien loin, je l'ai maintenant à nos portes. Louanges à Jésus-Christ ». Puisque le martyre même ne fait plus le moindre doute, il s'intéresse aux circonstances et écrit avec une précision hardie : le genre de mort qui me conviendrait le mieux ce serait de recevoir un coup d'arquebuse. Et déjà comme se révèlent les détails du rivage vers lequel cingle le navire, il entrevoit la date et le lieu du drame : au carême de Valence en 1592, il déclare au juge royal : « l'année prochaine à Aubenas je serai plus heureux et produirai plus de fruits ». Et voici qu'il peut compter les jours et les heures ; les événements s'accélèrent.

Car ce qui importait à Dieu, c'était d'avoir des âmes de martyrs ; il se chargerait bien, le moment venu, des circonstances. Et maintenant que Salès et Saultemouche sont prêts, Dieu entre en scène. Après d'interminables délais tout va se nouer subitement comme au dernier acte d'une tragédie. Les humbles événements, les menus faits et gestes de ces vies, dispersés çà et là comme des épis dans un champ de blé, en un instant forment gerbe, serrés brusquement dans la main du moissonneur. Les itinéraires aux lignes brisées et divergentes de ces deux existences vont se rejoindre à Tournon. Salès a été nommé professeur à l'Université. Il y retrouve le F. Coadjuteur Guillaume

Saultemouche — un fils d'Auvergne lui aussi, religieux depuis treize ans, un humble qui a eu beaucoup d'humiliations, un patient qui a eu grandement à pâtir ; un saint à la vie obscure dont nous ignorons presque tout, dont nous connaissons pourtant beaucoup, sachant qu'il avait pris comme devise ces rudes paroles qu'il adressait à son corps aux heures de souffrances « Endure, chair, endure ! ». Saultemouche a été envoyé à Tournon on ne sait pourquoi, par hasard, — le hasard un des noms de Dieu caché ! — Il se trouve que le P. Salès fatigué et ayant besoin d'une diversion devient prédicateur et controversiste. Il se trouve qu'on demande un prédicateur pour l'Avent et le Carême d'Aubenas : le P. Salès est désigné. Il se trouve — traduisons toujours : Dieu le veut — qu'il lui faut un compagnon : ce sera le F. Saultemouche encore sans emploi à Tournon ; quoi de plus naturel ? — Et voilà définitivement choisis les deux candidats au martyre. C'est bien ainsi que le comprend le P. Salès puisqu'il dit à celui qui est venu le prévenir : « Vous ne pouvez m'apporter plus heureuse nouvelle ; c'est à Aubenas que j'espère obtenir du ciel ce que depuis si longtemps je lui demande ». Et cet espoir est tellement une certitude qu'il ne songe qu'à remercier Dieu et spontanément récite le Te Deum — Encore quelques élans de désir, les plus ardents « J'ai un singulier désir de mourir pour sa gloire... Bénie soit la main qui me donnera le coup mortel, si je suis frappé en haine de la foi catholique ». Encore l'humilité de la prière : sa dernière parole au sortir du collège de Tournon fut la parole d'un mourant qui à l'heure décisive recommande son âme. « Mon frère, dit-il au portier, priez pour nous, nous allons à la mort ».

Et sans doute, en les voyant ainsi partir, dominés par ces idées de mort prochaine, plusieurs s'imaginèrent qu'ils exagéraient et que dans cette région alors

si calme le martyre était bien peu vraisemblable. Bien
peu vraisemblable en effet à voir les choses humaine-
ment. Le P. Salès par sa courtoisie dans la discussion
avait gagné toutes les sympathies des hérétiques ;
d'ailleurs une trêve était signée qui assurait aux
catholiques la paisible possession d'Aubenas. Aussi
quand le Père crut devoir avertir le gouverneur de ses
craintes pour le salut de la ville, le gouverneur se prit
à rire ; il soupçonna, nous dit-on, que le Père parlait
« à la mode des gens de lettres souvent plus timides
que courageux ». C'était la veille de l'assaut. Dans la
nuit du 5 février 1593 Jean de Bosse, seigneur de
Sarjas, à la tête de 120 hommes s'emparait de la cité.
En cette surprise d'Aubenas les deux religieux furent
seuls à n'être pas surpris, eux que tenait en éveil le
désir, infatigable guetteur. Alors que dans la ville
escaladée c'était l'affolement des grandes catastro-
phes, hurlements de terreur, courses effarées dans les
rues et près des poternes la cohue des fuyards qui
s'écrasent, tandis que les soldats démoralisés jettent
leurs armes et que les chefs oubliant leur devoir dans
un fléchissement passager abandonnent la cité, seuls,
dans la ville en folie, au milieu de tant d'âmes en
panique, ces deux vaillants gardant un sang-froid
résolu, courent à l'église Ste Anne, consomment les
Saintes Espèces et reviennent chez eux faire cette
action de grâces qui sera leur préparation à la mort; et
au moment même de l'arrestation, dans ce face à face
avec le danger où tant d'hommes perdent courage, il
y a chez le P. Salès si peu d'émotion qu'il fait bien
préciser aux soldats qu'il s'agit de religion et non
d'une misérable question d'argent. « Voilà notre bourse, quant à notre vie nous sommes tout prêts à la
livrer pour l'honneur de Dieu et de son Eglise ».
Vraiment ne dirait-on pas l'exécution point par point
d'un programme longtemps médité, ou plutôt une

cérémonie liturgique où les rubriques n'ont laissé au hasard aucune des paroles et des attitudes ? Oui, tout a été réglé d'avance dans la longue et prévoyante méditation du désir.

Enfin lorsqu'après trente-six heures de souffrance, la faim, le froid, la fatigue des controverses, le P. Salès fut entraîné par les soldats de Sarjas dans cette rue de Triby où on voulait le tuer, lorsque son fidèle compagnon l'eut rejoint, se faisant un passage parmi les huguenots qui auraient voulu l'oublier, imposant son désir de mourir à la mort même qui d'abord l'avait dédaigné, les deux victimes s'agenouillèrent et Salès dit, très doux, à son bourreau : « Je te prie, mon ami, donne-moi un peu de loisir pour recommander mon âme à Dieu et le prier pour toi ». En cette dernière minute de ta vie terrestre, à quoi pensais-tu martyr ? Sans doute, dans une lucidité suprême tu voyais repasser devant ton regard toute ton existence, l'enfance lointaine dans le village très aimé, les ferveurs du noviciat, les longues études et l'enseignement, Pont-à-Mousson, Paris, Tournon, tout l'aride chemin du désir, mais peut-être aussi dans cet instant de recueillement où l'âme trouve ce qui est en elle de plus profond et où spontanément montent aux lèvres les mots souvent répétés, tu murmurais une dernière fois : « Oh ! si je pouvais être martyr ! ». — « Si je pouvais », mais quoi, ne vas-tu pas pouvoir ? « Ce bien trop exquis, Dieu ne le fait qu'à peu de personnes » ; et voici que ce bien exquis va être ton bien et que tu seras, toi, de ces rares privilégiés de l'amour. « L'année prochaine à Aubenas » mais elle est arrivée cette année bénie et l'heure et l'instant si attendu ! — « Le genre de mort qui me conviendrait le mieux ce serait de recevoir un coup d'arquebuse » ; et l'arquebuse est en ce moment braquée sur toi... Infatigable pèlerin aux routes du désir, coureur toujours penché en avant le regard tendu vers la gloire, l'heure du repos est venue. — Et tandis que le choc brutal te renverse à terre, tandis que les poignards, les couteaux et les épées cherchent cruellement en ton pauvre corps les moindres restes de vie, ô martyr goûte donc la joie, la joie indicible de celui qui a réalisé intégralement son rêve ; et toi qui bénissais d'avance le huguenot qui te frapperait, bénis plutôt ce désir qui a été pour toi non pas un bourreau mais un sacrificateur, et bénis surtout, en attendant le Magnificat éternel, ce Dieu qui a exaucé tes désirs et accompli étrangement tes volontés !

*
* *

Puissance mystérieuse du désir ! Ainsi donc voilà une destinée qui semble s'être voulue toute entière et réalisée comme elle se voulait — étrange vraiment parmi tant de vies humaines qui paraissent condamnées à subir et à se résigner, semblables à Simon de Cyrène porteur de croix sur réquisition ; étrange destinée surtout, puisqu'elle a paru s'imposer au ciel lui-même et qu'on dirait la Providence au service d'une volonté humaine. Eh quoi, la volonté divine serait donc elle aussi une place forte à emporter dans la violence d'un assaut ? Idée chimérique et absurde ! Non, nous ne pouvons pas contraindre Dieu. Seulement Lui ne veut pas nous contraindre : pour nous sauver, nous sanctifier, il demande notre collaboration.

Or dans cette collaboration du rien avec l'infini, du néant avec la Toute-Puissance, ce que nous devons donner, la quote-part que nous avons à fournir, c'est notre pauvreté pour qu'elle soit enrichie, notre faiblesse pour qu'elle soit fortifiée ; ce que Dieu attend de nous, c'est le cri du mendiant appelant l'aumône, c'est le cœur implorant les grâces sanctificatrices. Et si à la rigueur il lui suffit d'un consentement résigné, pour accomplir dans une âme des choses magnifiques Il veut y trouver le désir—Le désir, c'est à-dire la volonté libre se donnant à l'action d'en haut non pas dans un consentement arraché à la suite de longues résistances passives, non pas dans une résignation boudeuse, mais dans la joie et la spontanéité ; le désir, l'acquiescement anticipé et sans défiance qui sait bien que Dieu est un Père et que tout ce qu'il apporte est un bienfait ; le désir, la porte ouverte à la grâce sans contrôle ni restriction, Dieu qu'on installe dans la demeure en lui disant « ici, tout est vôtre et faites tout ce que vous voudrez ».

Dès lors, je ne m'étonne plus que la grâce toujours expansive et envahissante fasse des merveilles en ces âmes qui consentent pleinement. Et je ne m'étonne pas non plus que se réalisent de point en point les désirs de l'homme. Ces désirs humains ne sont-ils pas eux-mêmes l'œuvre de Dieu et cette prière ardente n'est-elle pas formulée secrètement dans l'âme par l'Esprit-Saint ? O martyr, tes élans les plus spontanés ne sont qu'une réponse à la grâce toujours devancière ; dans l'âme aux échos sonores, ils ne sont que l'écho de la voix divine ; Dieu voulait te couronner bien plus que tu n'ambitionnais la couronne ; et ton désir du martyre, rêve de ta vingtième année, n'a fait que rejoindre le rêve que Dieu rêvait sur toi dans sa tendresse éternelle. C'est parce que ta bonne volonté s'est unie étroitement à la volonté du Père, c'est parce que entre ses désirs et tes désirs on ne pouvait plus distinguer, que la Toute-puissance divine s'est déployée librement et que le rêve est devenu une splendide réalité.

*
* *

Quelle leçon pour nous, mes frères ! Entre sa destinée glorieuse et nos vies médiocres n'y a-t-il pas un douloureux contraste ? Et pourtant c'est le même Dieu et la même grâce qui, ici et là, travaillent... Mais ce ne sont pas les mêmes désirs. Nous désirons, certes, et parfois avec une âpreté de passion ; car pour laisser de côté les désirs coupables, que de désirs passionnés de bonheur terrestre et immédiat, d'affections humaines, de longue vie confortable, d'argent, de distractions, de succès ! Mais, en tout cela, où sont les ambitions chrétiennes ? Est-ce que nous nous sommes dit jamais : je veux devenir un saint ? Avons-nous jamais pensé que la sainteté pouvait être pour nous ce qu'est pour un jeune homme la carrière où il va entrer : un avenir proche et la réalité de demain ? Hélas, quand l'esprit de Dieu, puissant comme aux jours de Pentecôte, souffle en nos âmes pour nous emporter sur ses ailes, quand dans ces âmes chrétiennes divinisées s'élèvent les grands désirs, que de fois, refusant de nous laisser entraîner, nous nous cramponnons à la terre, la terre épaisse de nos médiocrités habituelles ! Pour mieux assurer notre repos, nous traitons ces désirs de chimères ; nous déclarons que, n'étant pas des saints, nous ne sommes pas faits pour les tâches glorieuses ; nous concevons un idéal à l'usage du chrétien moyen, une religion faite de quelques préceptes de morale et des rites extérieurs d'un culte, mais où il n'est guère question de délicatesse de conscience, de prière attentive, de confessions ou de communions ferventes ; une religion à bon marché, un demi christianisme — Ou bien s'il y a déjà en nos vies une certaine piété, nous refusons dans notre indolence vite satisfaite de progresser jusqu'à l'amitié cordiale avec Notre-Seigneur, jusqu'à la lutte contre nous-mêmes, jusqu'à la charité qui se dévoue : aux Saints les grandes ambitions ! Nous ne voulons pas courir l'aventure des exigences divines ; nous avons peur de la fécondité de la vie et des sacrifices qu'elle impose ; nous tuons en nous les désirs ; seule en nous la lâcheté a de l'énergie et c'est pour dire « non » à Dieu. — Et si parfois dans une ferveur passagère nous nous sentons entraînés vers Lui et décidés à faire quelque chose de grand pour Lui, une fois le moment venu de traduire en actes concrets cette générosité un peu vague, nous nous étonnons naïvement que la vie quotidienne nous demande un effort sans cesse renouvelé, qu'il faille de l'énergie pour se soutenir en plein ciel malgré les pesanteurs hostiles ; et dès lors, au lieu de nous faire violence et de prier, nous nous laissons tomber, toutes énergies détendues, dans la chute facile, la chute verticale du découragement ; nos pauvres désirs de sainteté, les ailes meurtries, viennent s'écraser brutalement au sol... nos vélléités de perfection n'ont duré qu'un jour. Telle est peut-être l'histoire de nos vies, l'histoire mélancolique d'hier — Mais quelle sera l'histoire de demain ? Il est temps encore de la rendre magnifique. Si je le veux, demain ce sera la sainteté avec la joie qu'elle apporte et le Te Deum qu'on chante en allant au sacrifice — En ce moment même où je parle, la grâce de Dieu travaille nos âmes, la grâce aux énergies sans limites qui soulevait l'âme des saints. « Oh si... » — Oh si nous voulions ! C'est le même Dieu, c'est la même grâce, ce seront les mêmes désirs.

O martyrs, âmes toutes de grandeur, venez à notre secours, donnez-nous un peu de votre énergie et de vos ambitions ; donnez-nous la puissance de vos désirs ardents et humbles, la longue patience qui attend et sait préparer dans la grisaille de la vie quotidienne le grand jour triomphal ; apprenez-nous à nous faire des âmes de héros et de martyrs même dans un décor très paisible et très prosaïque. Que nous aussi, nous répétions sans cesse, à la manière d'une aspiration sans laquelle la vie serait irrespirable « Oh si je pouvais devenir un saint ! » ou plutôt, puisqu'il ne s'agit pas là d'un privilège réservé comme le martyre, puisque Dieu veut certainement pour nous tous la grande sainteté et que nous avons le devoir de rejoindre hardiment les intentions divines, aidez-nous à dire avec l'élan d'une âme qui se met toute entière dans son désir « Mon Dieu, faites de nous des saints ! »

AMEN.

"Chapelle des Martyrs"
"Tribune"
L. LEYVASTRE. DEL.

Discours du R. P. PAIN (S. J.)

Messeigneurs,

Au nom de la population de cette ville, et en m'excusant d'être si peu qualifié pour le faire, je vous remercie d'avoir bien voulu rehausser de votre présence l'éclat de ces fêtes magnifiques, à l'occasion de la Béatification du P. Jacques Salès et du F. Guillaume Saultemouche de la Compagnie de Jésus. Et je devine qu'en répondant à l'invitation de Monseigneur de Viviers, vous entendez remplir un devoir de reconnaissance envers ces deux Martyrs, dont le sacrifice a contribué à sauver la vie chrétienne dans vos diocèses respectifs, en barrant la route à l'hérésie qui l'eût privée de son aliment nécessaire et divin.

Pour ce soir, où j'ai le très grand honneur d'évoquer leur mémoire, et afin que ma parole ne soit pas trop indigne de l'hommage que votre reconnaissance en attend, je m'incline humblement devant le premier Pasteur de ce diocèse pour lui demander sa bénédiction.

Mes Frères,

Le 7 février 1593, le P. J. Salès et le F. G. Saultemouche de la Compagnie de Jésus, étaient tués dans cette ville, en haine de l'Eucharistie.

N. B. — A défaut du texte in extenso de ce discours, on en trouvera les développements essentiels.

La Béatification glorieuse et réparatrice tout à la fois, dont le Souverain Pontife Pie XI vient de les honorer, reporte notre attention vers cette période des guerres religieuses qui ensanglantaient alors notre pays. Et quand on songe à l'âpreté de ces sortes de luttes, aux passions exacerbées de part et d'autre, le sacrifice de nos Bienheureux risque d'être rapetissé aux proportions d'un simple accident, imputable à cette exaltation qu'on rencontrait dans les deux camps, et qui confondit plus d'une fois catholiques et protestants dans les mêmes hécatombes.

Ce n'est pas encore le moment de dire dans quel état d'âme Salès et son compagnon allèrent à la mort, et avec quel accent ils reprirent pour leur compte l' « *Ibant gaudentes* » des chrétiens des premières persécutions.

Pour l'instant, ce que je voudrais montrer, et qui fait à ces deux Jésuites une place à part, c'est que leur martyre ne fut pas seulement l'acte d'un jour, mais celui de toute une existence, que l'holocauste d'Aubenas fut le dernier sacrifice, et comme le couronnement de toute une vie d'immolation. C'est ainsi, que le jour où ils entrèrent dans la Compagnie de Jésus, le premier pour se préparer au saint ministère, le second pour être employé aux offices domestiques, Jacques Salès et Guillaume Saultemouche gravirent le premier degré de l'autel, où ils devaient un jour s'immoler.

Ils en étaient dignes, tous les deux avec la grâce intacte de leur baptême, tous les deux avec la mâle et tenace énergie de leur race, tous les deux avec leur jeunesse orpheline ou besogneuse, et ce visage de souffrance qui les marquait déjà pour la croix.

Quel Dieu que le nôtre, pour condamner ainsi de jeunes hommes à entrer vivants dans la mort ? Car c'est cela, la vie religieuse. Je dois répondre à cette question, sous peine de raconter une histoire insensée, et que vous ne comprendriez pas.

Vous l'avez dit, notre Dieu n'est pas comme les autres dieux. Moïse en donnait une première image, quand parlant des rapports de Jehova avec le peuple élu, il disait : « Il n'est pas de nation si grande qui ait ses dieux proches de soi, comme nous avons l'Eternel » (Deut. 4, 7). Et vous savez avec quelle plénitude et dans quelle splendeur, la loi de grâce devait achever ce premier rapprochement.

Notre Dieu n'est pas en effet, selon le blasphème odieux de Renan, que je m'excuse de rapporter, parce qu'il a la valeur d'un document qui n'a que trop fait fortune, notre Dieu n'est pas ce demiurge jovial, qui créa le monde dans un moment de gaieté, et s'amuse là-haut de l'agitation et de la confusion de cette grande fourmilière qu'est l'humanité.

Notre Dieu est essentiellement le Dieu Charité qui nous a aimés en Dieu, et qui pour cela en a poussé la preuve en des extrémités, dont Saint Paul a prédit qu'elles seraient un scandale pour la gentilité.

Où donc ai-je entendu conter ce trait suggestif ?

A peine arrivés dans une province de Chine, qu'ils avaient à évangéliser, les missionnaires firent une visite de courtoisie au mandarin de l'endroit. Répondant à cette politesse, le mandarin et sa suite se rendirent à la maison de la Mission. Après les salutations d'usage, l'attention du mandarin fut attirée par un grand Christ, auquel les missionnaires avaient manifestement fait une place d'honneur. Le mandarin demanda : Quel est cet homme qui est étendu sur une croix ? Les missionnaires répondirent : Le Fils de Dieu Sauveur du monde.

Stupéfaction du mandarin et de sa suite : Le Fils de Dieu sur une croix, un Dieu crucifié ! Allons donc ! Et ces Chinois furent près de hausser les épaules et de sourire...

Nous n'avons pas à redouter ces étonnements, nous qui avons cru selon le mot de Saint Jean, à la charité que Dieu a pour nous, nous qui croyons à cet amour qui l'a fait descendre du ciel pour reposer, petit enfant, sur la paille d'une crèche, et s'abaisser jusqu'à trente ans à la condition d'un humble artisan ; et parce que c'est une inclination plus divine encore de l'amour que de s'immoler, nous qui croyons que Celui qui est pendu par les mains, par les pieds à cette croix, c'est encore notre Dieu, nous qui croyons enfin à cette Eucharistie mystérieuse, où Dieu s'est caché jusqu'à la fin des temps, dans tous les lieux, au fond de tous les tabernacles, afin de nous donner la révélation d'un amour que rien ne saurait satisfaire, que rien n'est capable de lasser.

Ceci posé, imaginez une foi plus vive que celle du commun des fidèles, une grâce illuminatrice d'en haut tombant sur une âme de choix, et lui découvrant quelque chose de ce que Saint Paul appelle la longueur, la largeur, la hauteur, la profondeur de la charité de Jésus-Christ, vous avez l'appel surnaturel de la vocation, vous avez la sainte et impérieuse passion de rendre à Dieu amour pour amour et par le fait, sacrifice pour sacrifice jusqu'à mourir pour Lui, puisqu'il est mort Lui-même pour nous.

C'est sous ces impressions, que Salès et son compagnon entrèrent dans la Compagnie de Jésus, un de ces ordres religieux que l'Eglise a érigés comme autant de Calvaires, où les amis du Christ peuvent s'attacher à la Croix, par les clous immuables de la pauvreté, de la chasteté, de l'obéissance perpétuelle. C'est sur de telles victimes garrottées, immolées, que tombe, comme jadis sur Elie, le feu du ciel. « *Cecidit ignis Domini et voravit holocaustum* ». (Reg. 3, 18.)

En suivant l'appel du Maître, le P. Salès et le F. Guillaume eurent-ils le pressentiment de leur future prédestination ?

Les deux grands silencieux que furent ces hommes intérieurs, ne nous ont rien livré à cet égard. Mais le fait de s'engager dans un Ordre militant qui opposait à l'hérésie un rempart avancé, à une heure où les querelles religieuses avaient dégénéré en une véritable guerre civile, était déjà une première indication de la Providence.

Au reste, quel est le novice Jésuite, qui sous l'emprise d'Ignace de Loyola et dans l'ardeur de son premier rêve élargi par la devise : « *Ad Majorem Dei Gloriam* », sur l'immensité même des continents, ne s'est pris à regarder là-bas, loin, très loin, et n'a ambitionné de tomber comme François Xavier ou de mourir comme Spinola.

De ce rêve qui peut prêter à sourire, à un âge où l'on n'a fait qu'effleurer la coupe du sacrifice, Salès et son compagnon feront une réalité quotidienne par les renoncements de leur vie religieuse.

Cette vie telle que l'a conçue Saint Ignace, sera-t-elle en fait la voie royale qui les acheminera au martyre ?

Mais où donc cette pauvreté effective, à la suite de Celui qui ne trouvait pas toujours de pierre où reposer sa tête ? Où donc ces jeûnes et ces pénitences, nécessaires à l'absolu et durable empire de l'esprit sur la chair ? Où donc ces veilles prolongées d'adoration, d'où les grands apôtres s'en vont revêtus de la force même de Dieu, vers les durs combats de l'apostolat chrétien ? Où donc cette armature, cette austérité, cette mortification pour tout dire, par quoi les âmes assoiffées de sacrifice préludent aux suprêmes immolations ?

Rien de tout cela, il est vrai, dans la création d'Ignace, parce que la Compagnie qu'il a entendu fonder est en effet une Compagnie, un Ordre de combat, dont les unités sont constamment alertées, appelées à lutter sur toutes les brèches, prêtes à quitter le poste présent pour courir à un endroit plus menacé. Rien de tout cela, parce que cela serait un obstacle à ce mouvement, à cette souplesse, à cette célérité.

Rien de tout cela, mais mieux que tout cela, et donnant d'indéfinies possibilités à cela, cette loi d'amour et de charité, que Dieu a inscrite dans tous les cœurs et que le génie d'Ignace consistera à accuser en tels caractères de feu, que ses fils brûleront de l'amour même du Christ Jésus, et seront prêts à en donner la preuve qu'il a lui-même donnée au monde.

Il faut croire que Saint Ignace a vu juste, ou plutôt qu'il a été divinement inspiré, puisque sa Compagnie a donné des pénitents comme Louis de Gonzague, des Séraphins brûlants comme Stanislas Kostka, des apôtres comme François Xavier, des martyrs comme André Bobola.

Comment le Fondateur a-t-il réussi ? Essayons de le surprendre, en suivant un instant Salès et son compagnon à l'école des Exercices spirituels qui sont la maîtresse pièce de sa formation.

J'ai dit que Salès et Saultemouche entrèrent dans l'Ordre avec l'intégrité de leur baptême, déjà dignes de la sceller par ce vœu de chasteté dont Saint Ignace se préoccupe certes, par les menues précautions dont il environne cette fleur délicate, moins cependant pour la défendre contre les pièges grossiers du mal, que pour la faire s'épanouir en sa beauté céleste et rayonnante. La perfection ici, et la plus haute, serait-elle un ornement de surcroît en ceux qui aspirent à prolonger le Christ, en le faisant d'abord rayonner en eux-mêmes ?

Aussi bien dans les cœurs déjà si purs de ces deux religieux, Ignace va être tout à l'aise, pour allumer ce grand feu d'amour divin, qui les conduira d'immolation en immolation jusqu'au sacrifice suprême.

Le P. Salès et le F. Guillaume étaient donc destinés à grossir le troupeau docile et résigné de tous ces amoindris, comme parle certain monde au souvenir du « *Perinde ac cadaver* ». Parlons en effet de ces amoindris, qui pour avoir fait la découverte émerveillée de la vraie Vie, l'ont trouvée si haute, si belle, si digne d'être vécue, qu'ils sont morts chaque jour à la leur, pour vivre l'autre, dans une telle plénitude et une telle intensité, qu'ils sont ensuite partis, Samaritains éperdus, pour en répandre le bienfait sur tous les chemins de la détresse humaine et de la pitié.

C'est précisément la découverte que firent les deux religieux, à cette seconde étape des Exercices spirituels, où le Christ plein de grâce et de vérité est longuement évoqué dans sa perfection souveraine et adorablement séductrice. Voici même que le Sauveur est présenté sous les traits d'un Roi magnanime, appelant ses fidèles sujets à la conquête du monde, sous la condition de partager ses fatigues et ses travaux, et avec la promesse d'être associés un jour à sa gloire.

Est-ce réminiscence du soldat loyal et valeureux que fut Ignace ? Qu'importe, si l'image est exaltante pour les jeunes, et si bien expressive de cette royauté du Christ, que le Souverain Pontife Pie XI rappelait naguère aux ferveurs de notre culte et aux générosités de notre apostolat.

Est-ce encore simple jeu d'imagination, que cette méditation de deux étendards qui nous fait frissonner, dans son raccourci dramatique, au spectacle de l'éternelle bataille du bien avec le mal, du Christ avec Satan, dont le salut des individus et des peuples autant que la gloire de Dieu est le suprême enjeu ?

Mais la rumeur qui troublait à ce moment même leur maison de prière et de silence, ne disait-elle pas à ces deux fils d'Ignace que la bataille faisait alors rage, appelant à l'aide, avec des armes toutes pareilles à celles du Christ, avec sa patience, sa charité, ses souffrances, sa croix, cette Croix déjà choisie par eux à l'heure de l'élection, et qu'ils allaient fixer à loisir dans les méditations de la Passion pour la graver à jamais dans la chair de leur corps, et le sang de leur cœur.

A l'exemple du Christ, ne fallait-il pas souffrir pour entrer comme Lui dans la gloire, cette gloire dont le dernier stade des Exercices leur apportait une effluve, dans cette série de contemplations sur la Résurrection, où chante la triomphante allégresse des beaux matins radieux de Pâques...

En ces deux Jésuites, « l'homme nouveau » est maintenant campé, qui prendra surtout conseil de son Dieu intérieur. C'est dire que la loi d'amour et de charité jouera désormais à plein effet. Aussi bien qu'il s'agisse de prière, de mortification ou de zèle, les judicieuses disciplines de l'Ordre, viseront moins à stimuler qu'à modérer, s'il demeure entendu, que pour un soldat de la plus grande gloire de Dieu, la mesure est de n'en pas avoir, et la règle, de toujours se dépasser.

C'est peu après, que Jacques Salès composait certains vers dont il faut renoncer à défendre l'harmonie, mais que Dieu dut agréer, comme le modeste et joyeux Magnificat d'un cœur possédé de son grand amour, et déjà à la recherche du sacrifice qui en fera la preuve.

Martyr ! Salès l'était déjà de désir ; un désir que sa prêtrise allait enflammer au spectacle de l'immolation quotidienne de Jésus sur l'autel, cependant que l'humble petit frère Guillaume, ange de douceur et de simplicité colombine, comme on l'appelait, prolongeait ses adorations devant le tabernacle, épiant la révélation du secret qui devait l'associer à la destinée de Salès.

. . . .

Martyr ! était-ce bien pour Salès la volonté de Dieu, dans cette carrière tranquille du professorat, où l'avait engagé l'obéissance pour sa haute intelligence des sciences sacrées. Et comme chaque jour, le théologien rêvait de ces terres de fièvre et de soleil, que d'intrépides missionnaires vont tremper de leur sueur, avant de les arroser de leur sang, une heure vint où ne pouvant porter plus longtemps son secret, il écrivit au Supérieur général pour lui demander d'aller aux Indes.

Celui-ci le félicita de son désir, mais ne crut pas devoir lui donner satisfaction. Sa réponse se terminait par ces lignes mystérieuses et encourageantes : « Vous n'avez pas besoin d'aller si loin pour trouver les Indes aussi bonnes que vous le désirez. Vous les trouverez là même où vous vous dévouez pour le salut des âmes.

Pour l'homme de foi et de désir qu'était le P. Salès, ces mots furent un clair avertissement du ciel. A n'en pas douter, le martyre l'attendait à l'occasion d'un de ces ministères de controverses religieuses, auxquels il s'adonnait par manière de détente, et qui n'étaient pas sans péril pour les confesseurs de la foi.

Alors commença cette préparation prochaine, à laquelle Dieu devait mettre la main. A ce moment y avait-il dans Salès, un pli de sa pensée, une fibre de son cœur, qui ne fût pas tout à Dieu. Sujet brillant, intelligence ouverte sur toutes les avenues du savoir humain, grâce à une mémoire prodigieuse, théologien consommé qui se délassait de la haute spéculation par l'étude des plantes, où le connaisseur avisé qu'il était, trouvait à la vue d'une fleur les élans d'adoration de Saint François d'Assise, Salès tirait-il vanité de son savoir et de ses dons ?

Qui pourrait l'imaginer, chez un homme obsédé par la vision du martyre, et qui montait chaque jour un degré de l'autel du sacrifice, par cette mortification continuelle en toutes choses dont Saint Ignace a fait une de ses règles de perfection. La vérité est que cette âme était prête, et que Dieu allait lui donner une dernière trempe pour le sacrifice final.

Futur martyr de l'Eucharistie, le P. Salès fut accusé d'enseigner une proposition erronée touchant cette même Eucharistie.

O Dieu ! voilà bien de vos coups, et que vous seul pouvez frapper pour l'honneur de votre nom et l'exaltation de vos Saints !

On connaît les faits. Pour mieux résoudre certaines difficultés des Calvinistes, concernant le mode de la Présence réelle, le P. Salès expliquait, d'après une réponse de Saint Thomas à une objection, que le corps de Jésus serait dans l'Hostie, comme l'âme dans le corps humain, toute entière dans le tout, toute entière dans chaque parcelle.

Il s'agit évidemment d'une simple analogie. Malheureusement, la réponse de Saint Thomas a un défaut, si défaut il y a, celui de se trouver en marge des articles classiques de la Somme. — Il n'en fallut pas davantage pour qu'un confrère pointilleux et chagrin, flairât une dangereuse nouveauté, et dénonçât l'auteur en haut lieu.

Un instant, la sage intervention du Supérieur immédiat du P. Salès, parut clore l'incident sans plus d'éclat. Mais la dénonciation fut reprise, et Rome exigea une rétractation.

Atteint dans son prestige de théologien, et sur cette Eucharistie même, dont il était l'apologiste éclairé autant que l'adorateur fervent, le P. Salès eût pu aisément se justifier. Mais l'occasion était trop belle, pour ne pas suivre en ce point la consigne donnée par Saint Ignace à ses fils, savoir : « de souffrir (hors le cas de l'offense de Dieu ou du scandale du prochain) des affronts, des faux témoignages et des injures… tant ils ont de désir de se rendre semblables en quelque façon à notre Créateur et Seigneur Jésus-Christ… »

Fidèle à la consigne, le P. Salès s'exécuta, comme s'il se fût agi de fouler aux pieds un monstre d'hérésie. Le théologien sûr et impeccable qu'il était, rétracta la soi-disant erreur devant tous ses élèves assemblés.

Bientôt sans doute, et sur meilleure information, justice éclatante devait lui être rendue. Mais qu'attendait le Ciel, pour fournir à ce martyr avant la lettre l'occasion du suprême sacrifice ?

Le F. Guillaume était-il lui-même à pied d'œuvre, au milieu d'épreuves de toutes sortes, où les méchants avaient leur part, et qui mettaient sur ses lèvres ces paroles d'impitoyable rudesse : « Endure, chair, endure ! » On peut le supposer puisque la Providence les réunissait bientôt au Collège de Tournon pour les acheminer vers le théâtre du martyre.

On sait avec quelle joie divine, le P. Salès accepta ce ministère d'Avent à Aubenas où le F. Guillaume devait l'accompagner et comment au départ de Tournon, il dit textuellement au frère portier : « Mon frère, priez pour nous, nous allons à la mort ».

N'était-ce pas anticiper sur l'heure de Dieu ?

L'Avent se passa, en effet, sans autre incident que celui d'une prédication merveilleuse en fruits de conversion et de salut. En fait, c'était le triomphe des Rameaux prélude de la Passion sanglante. Ce succès même engagea le clergé de la ville à retenir le P. Salès pour étendre le bien déjà fait. Cette circonstance devait précipiter les événements.

A cette date, Aubenas, après des vicissitudes inutiles à rappeler, était aux mains des catholiques, quand un matin de février 1593, un parti de Huguenots du dehors, commandés par le capitaine Sarjas, força les portes de la ville dont il se rendit bientôt maître à la faveur de ce coup de suprise.

Le P. Salès et le F. Guillaume sont des premiers arrêtés. Insultés, frappés, dépouillés de leur maigre bourse de quarante sous, on les conduit devant les chefs Huguenots, qu'avaient rejoints plusieurs prédicants.

La capture était bonne de ces deux Jésuites dont l'un était un papiste de marque. Quel triomphe pour les ministres, et quelle réclame pour leur doctrine s'ils réussissaient à le confondre.

Sans plus tarder, une discussion sur le libre arbitre fut ouverte où s'affirma la supériorité du P. Salès par son talent de saisir en toutes choses le point vif et de l'éclairer d'une lumière décisive. Lorsque vint la contradiction, le vigoureux logicien qu'il était accula ses adversaires à de telles impasses, que ceux-ci ne trouvant rien à répondre passèrent aux insultes et aux blasphèmes, et levèrent la séance dans le tumulte.

Les Huguenots ne pouvant rester sur cet échec, provoquèrent le lendemain une nouvelle controverse, cette fois sur l'Eucharistie. Pour la circonstance, les meilleurs doctrinaires de la secte avaient été convoqués.

Durant toute une matinée, et malgré son état d'épuisement, le P. Salès présenta le dogme eucharistique avec cette force calme que donne la Vérité et cette maîtrise du théologien qui en a exploré tous les aspects. A mesure qu'il parlait, son visage s'enflammait d'un feu divin. Après le témoignage autorisé de l'homme de science, c'était maintenant la pathétique apologie de l'apôtre impatient de communiquer à ses frères séparés, le bienfait de sa foi.

Devant cette démonstration à la fois persuasive et émouvante, plusieurs hérétiques présents donnèrent raison au P. Salès, cependant que les fortes têtes du parti, plus que jamais butées dans leurs négations, mettaient brusquement fin à la réunion, sous le pitoyable prétexte d'assister à un prêche qui allait se donner dans un de leurs temples.

Décidément, il fallait trouver autre chose pour avoir raison d'un tel homme. Les conjurés tinrent conseil, pour délibérer sur son sort. Le ministre Labat, furieux de l'échec de la veille, réclama la tête de Salès : « Que tardez-vous à immoler ce faux prophète ? Attendez-vous qu'il ait infecté la France entière de son venin ? Souvenez-vous d'Elie qui n'hésita pas à égorger les faux prophètes ! Suivez son exemple. »

L'heure avait sonné où, après le témoignage des lèvres, il fallait, à l'exemple du Christ, donner celui du sang.

Sarjas. ayant vainement commandé à trois de ses hommes de se saisir du P. Salès et de l'exécuter, le fougueux partisan suivi du ministre Labat, se précipite vers la maison où les deux religieux en prière attendaient leur sentence. Dès qu'il aperçoit le P. Salès « Viens ici scélérat, pharisien ! — Où faut-il aller ? — A la mort. — Je suis prêt. »

A cette minute, Salès fut enveloppé dans la nuée lumineuse... Vit-il venir à lui l'héroïque phalange de Ceux dont la tunique blanche est teinte de leur sang... ? Crut-il entendre un écho de l'hymne vainqueur et surhumain, dont les premiers martyrs saluaient leur condamnation, pour aller ensuite à la mort, comme à je ne sais quelle auguste fête de la Vie...?

A peine revenu de cette courte extase, le confesseur de la foi s'écria dans un transport : «*Eamus in nomine Domini !* Marchons au nom du Seigneur ! — O mon cher frère, ajouta le P. Salès, en s'adressant au F. Guillaume, nous n'étions ici-bas que de petits compagnons, que nous serons grands dans le ciel, si nous souffrons quelque chose pour Dieu ». Puis se ravisant, il se tourne vers Sarjas pour lui demander la grâce de son compagnon...

Mais ce dernier s'est dressé, comme si l'on venait de jeter un doute sur le courage de sa foi — Eh quoi, mon Père, vous voulez que je vous abandonne ? c'est l'obéissance qui nous a unis, rien ne pourra nous séparer. Religieux comme vous, je mourrai avec vous, pour la vérité des points que vous avez disputés ».

Les soldats essayèrent inutilement de l'éloigner. Sarjas alors de lui crier : « Imbécile, puisque tu veux mourir, tu mourras ».

Tandis qu'on les conduisait dans la rue, le P. Salès ayant répondu à une dernière sommation du ministre Labat, en confessant plus énergiquement que jamais le dogme de la Présence réelle, « C'en est assez commanda le ministre, délivrez-nous de cette peste, et offrez-le en sacrifice à Calvin ».

Cette fois encore, le soldat commis à l'exécution, hésita devant la douceur de ces deux visages et la clarté divine de ces deux fronts. Mais Sarjas l'ayant menacé de son épée, un coup d'arquebuse partit, fracassant la poitrine du P. Salès, qui tomba en murmurant : « Jésus Marie » cependant qu'un partisan l'achevait d'un coup de poignard dans le cœur.

Le F. Guillaume s'étant porté vers son compagnon pour le recevoir dans ses bras, tombait à son tour, percé de coups, mais égal à lui-même, jusque dans son atroce agonie, où il articulait distinctement une variante de son refrain familier : « Tiens bon, chair mortelle, tiens bon ».

Ainsi le sacrifice commencé dans la vie religieuse était arrivé à son terme, jusqu'à ce sommet d'où les deux martyrs pouvaient s'approprier les paroles du Christ expirant « *Consummatum est* ». Tout est consommé.

. . . .

Mes frères, je devrais en rester là, pour garder à ce discours son unité. Je m'en voudrais cependant de finir sur ce brutal épisode, dont la tristesse d'évocation cadre assez peu avec la parure triomphale de cette église, et l'alleluia d'action de grâces qui jaillit de vos cœurs reconnaissants.

C'est qu'en effet, tout ne s'est pas terminé à la tuerie d'Aubenas. Ceux-là se sont trompés, qui pensaient tarir la source sacrée, en supprimant ceux qui s'en firent les défenseurs. Du sacrifice de Salès et de son compagnon, et parce que sa qualité l'apparente au sacrifice de Jésus sur la croix, le salut est sorti, le salut de l'Eucharistie dans notre pays, avec un renouveau de foi et d'amour pour le Sacrement de nos autels.

Pour mesurer ici l'importance du service rendu, il suffit d'imaginer un instant dans quelle épouvantable nuit la France eût été plongée, si les ennemis de l'Eucharistie étaient parvenus à éteindre la petite veilleuse qui brûle auprès de nos tabernacles.

Du coup notre pays eût rejoint la détresse de ceux qui sont assis dans les ténèbres et à l'ombre de la mort. Du coup, par un paradoxe à la fois douloureux et criant, la France, des gestes de Dieu quittant le chemin de la Terre promise, rétrogradait vers tous les égoïsmes, tous les orgueils et toutes les corruptions des peuples sans Dieu, parce que sans l'Eucharistie qui le fait vivre.

La Providence de Dieu ne l'a point permis, en suscitant ces deux sauveurs, dont il n'est pas téméraire de penser, que le sacrifice lui a été si agréable, que l'hérésie a battu en retraite, et que la France a pu continuer de tremper ses lèvres à la Source de Vie. De cela nous ne saurions trop les bénir.

C'est grâce à eux, que vous avez encore cette fête du Ciel, qui s'appelle une Première Communion, et qui en met tout le rayonnement dans vos foyers. C'est grâce à eux, que vos enfants grandis peuvent communier au philtre mystérieux et divin, qui préserve en vos fils le trésor superbe de leur virilité et de leur force, et garde l'auréole au front de vos pures jeunes filles. C'est grâce à eux, pères et mères de familles qui m'écoutez, qu'aux heures d'obscurité et d'épreuve vous trouvez au pied des tabernacles, de la lumière pour la sombre route, et du courage pour aller quand même de l'avant. C'est grâce à eux que vos malades et vos mourants font bon visage à la souffrance et à la mort, par le viatique de réconfort et d'espérance, dont ils furent les héroïques gardiens.

Voici même que leur bienfaisant sacrifice a débordé nos frontières, pour retentir jusqu'aux extrémités de la terre. Par eux, a été sauvée la réserve sacrée, d'où jaillit l'étincelle qui fait les cœurs d'apôtres, et où s'alimente la flamme de leur zèle inconfusible et de leurs héroïques apostolats...

Un jour, là-bas, dans un poste avancé d'une de nos colonies d'Extrême Orient, dont un établissement de nos sœurs de charité était l'unique ornement, un de nos hommes politiques, incroyant notoire, vint à passer ; et comme il s'émerveillait du miracle de cette charité obscure qui se prodigue sans compter, loin des conforts de notre civilisation, il en demanda le secret à la Supérieure. Pour toute réponse, celle-ci lui fit signe de la suivre. Quand ils arrivèrent devant la chapelle, cette Française en ouvrit la porte, et d'un geste de ses doigts tremblants que soulignait un subit éclair de ses yeux, elle lui montra le tabernacle et lui dit : « Ce secret, Monsieur, le voilà ».

Ainsi donc nos Bienheureux ont travaillé pour la plus grande France. Cela est si vrai et si beau, que si la France officielle qui reconnaît d'ailleurs ces services éclatants, prenait la peine de remonter à leur cause, cette cause, elle la bénirait, et elle délèguerait un représentant à ces fêtes, pour honorer ceux qui en furent les insignes instruments.

Je n'ai plus qu'un mot à dire. La Sainte Eucharistie sauvée par nos martyrs est ici, tous les jours à votre portée. Allez-vous assez souvent, c'est-à-dire très souvent, y puiser la force de vivre en chrétiens et le courage de travailler au règne de Dieu. Cette Eucharistie, la faites-vous connaître, la faites-vous aimer ? Êtes-vous ses apôtres ?

Plus et mieux que cette splendide apothéose de lumière, de fleurs et de cantiques, c'est l'hommage que nos Bienheureux attendent de vos cœurs reconnaissants. C'est l'hommage que vous leur rendrez, pour l'honneur de Dieu, la Vie supérieure de vos âmes, et la régénération de votre Patrie, cette France qui a besoin de se rapprocher de son Dieu et surtout d'en vivre, pour reprendre le chemin de ses glorieuses et immortelles destinées.

Discours de Mgr Tissier

Évêque de Chalons

Messeigneurs, (1)

Mes Révérends Pères,

Mes bien chers Frères,

Quand Raphaël jetait sur les murs de la Chambre de la Signature au Vatican, comme une apothéose de la Sainte Eucharistie, l'une de ces fresques géniales qui l'ont immortalisé : *La Dispute du Saint Sacrement*, Jacques Salès et le frère Guillaume Saultemouche, dont l'autel enfin dressé, nous rassemble ce soir, n'avaient pas encore signé de leur sang leur croyance à la présence réelle. Et le tableau du grand peintre tout radieux des Papes, des Evêques et des Docteurs, qui y proclament, en un geste d'incomparable beauté, leur foi commune et quasi triomphante à la divine Hostie, manque à cause de cela du suprême témoignage des martyrs. C'est une lacune qu'effaçait de l'histoire de l'Eglise, dès le 7 février 1593, la mort héroïque de nos bienheureux, tombés les premiers en haine du Sacrement sous les coups des Protestants ; et

---

(1) S. G. Mgr. Hurault, évêque de Viviers
S. G. Mgr. Nègre, ancien auxiliaire de Viviers
S. G. Mgr. Marnas, évêque de Clermont
S. G. Mgr. Paget, évêque de Valence
S. G. Mgr. Girbeau, évêque de Nîmes
S. G. Mgr. Rousseau, évêque du Puy
R. P. D. Augustin, Abbé de N. D. des Neiges.

c'est une splendeur que Sa Sainteté Pie XI ajoutait le 6 juin dernier, jour de leur Béatification, au ciel de gloire incomplet, jadis esquissé par Raphaël.

Il y a donc maintenant, proposés à nos hommages et à notre imitation plus encore, deux martyrs authentiques de la Sainte Eucharistie que la terre d'Auvergne, dont ils avaient au cœur l'âpre fidélité, peut en raison de leur naissance revendiquer pour ses enfants, mais que celle de l'Ardèche a aussi le droit de dire siens, qui leur a prêté, par une lâche surprise de leurs agresseurs, le lieu de leur immolation et qui leur doit peut-être en revanche, comme à tant d'autres saints épanouis sur le sol de ses montagnes, d'avoir conservé jusqu'aujourd'hui, avec l'amour pratique du Dieu de ses tabernacles, tout l'Evangile du Christ qui continue d'inspirer ses croyances et ses mœurs.

Quand les Pontifes voisins eussent été de si désignés et éloquents panégyristes, vous avez voulu, cher Monseigneur de Viviers, que de votre province lointaine de Champagne où récemment, il est vrai, tant de lauriers sur les tombes sanglantes ont poussé, j'apporte aux reliques sacrées de vos Bienheureux les palmes et les louanges qu'ils méritent. Que pouvais-je refuser à Celui qui, durant de si rudes années, fut le compagnon de mon ministère et l'auxiliaire dévoué de toutes mes tâches pastorales ? J'ai bien pourtant, avec la peur d'être malhabile, le regret de ne pas laisser comme les autres soirs à quelqu'un de leur Compagnie, tout pénétré de leur esprit de famille et vibrant de leurs saintes ardeurs, le soin très doux de chanter la glorieuse histoire de leurs combats. A la grâce de Dieu! Puisqu'eux-mêmes si différents de culture et de valeur selon le monde, le docte père et le modeste frère, s'étant rencontrés dans le même don de soi et ayant subi le même martyre, partagent devant Dieu le même autel, on se rendra peut-être compte, d'où que vienne l'hommage, des doctes orateurs d'hier ou de l'humble passant d'aujourd'hui, qu'il est le tribut fraternel ou désintéressé d'une commune admiration.

⁎

Quand on considère en elle - même la Sainte Eucharistie, mes frères, elle apparaît comme un mystère de foi, *mysterium fidei,* comme un sacrement d'amour, *in finem dilexit,* et comme un signe de rédemption, *majorem caritatem nemo habet ut animam suam ponat quis pro amicis suis.* Ainsi l'ont envisagé du moins les grands voyants, les grands amants, les grands témoins que furent d'elle St Thomas d'Aquin, Pascal Baylon, et vos Bienheureux qui suivirent d'un an ce dernier dans la mort. Personne n'ignore en effet à quelle sublimité de pensée dans la Somme, à quel lyrisme de sentiments dans l'Office au Saint Sacrement, s'est élevé le docteur angélique en la recherche si profondément raisonnable et si passionnée à la fois, comme dans l'expression aussi logique qu'enthousiaste du mystère eucharistique. Sainte Thérèse, la grande mystique, n'eut pas pour son Christ en croix d'effusions d'âme plus émues que celles de Pascal Baylon, son contemporain, pour la divine hostie ; et avant le Père Salès et le Frère Saultemouche, si quelques saints plus violemment épris d'elle avaient jeté, en en parlant, des rayons ou des flammes, nul encore ne l'avait comprise et aimée, n'avait eu du moins l'occasion de la comprendre et de l'aimer jusqu'à répandre son sang pour la défendre.'

C'est même avant que d'être morts pour elle, le singulier privilège de vos Bienheureux par lequel je les trouve le mieux caractérisés dans l'histoire, que d'avoir soit par l'étude comme Salès, soit par l'intuition comme Saultemouche, rejoint St Thomas d'Aquin dans le témoignage de la foi, et Pascal Baylon dans le témoignage de l'amour. En cela précisément, tout grands que se dressent devant nous leurs exemples, ils demeurent imitables, et leur culte de la Sainte Eucharistie peut devenir le nôtre.

Sur quoi en effet, mes frères, repose un témoignage ? Celui de la foi d'abord ? Sur une vérité révélée, sur une connaissance acquise, sur un fait divin entrevu et dûment constaté. Si aujourd'hui tant d'hommes n'affirment pas l'Evangile, ne professent plus même l'existence de Dieu et conséquemment désertent les tabernacles et les églises qui pour eux sont vides, croyez que la plupart du temps, c'est qu'ils ne connaissent pas. L'ignorance avec ses délaissements inévitables, plus que la haine, est la plaie du jour. *Ignoti nulla cupido.* On n'a pas alors la passion de l'inconnu. Le grand jour de la vérité, et de la vérité eucharistique surtout, cherchée, trouvée, rayonnante et militante, devait seul amener dans l'âme de vos Bienheureux le grand jour de l'amour expansif, débordant, transfigurant, prophétique et immolé.

Et il n'y a pas pour nous d'autre méthode à suivre. Le frère Saultemouche n'était qu'un paysan sans culture, mais d'un cœur droit comme le devoir et d'une âme pure comme la vertu, dont il avait trouvé l'instinct dans sa nature et vraisemblablement le modèle dans son berceau. A l'école de la prière et de la mortification qui, en élevant les âmes sur les hauteurs de la Croix, les divinise, il découvrit bien vite dans la plus humble des vies, conformément à cette sublime et irréfragable philosophie de Saint Jean : *qui facit veritatem videt*, tout le mystère de la vérité, de la grâce et de l'hostie de l'autel. Il y crut, et nulle opposition n'allait plus jamais l'empêcher de l'affirmer.

Jacques Salès, d'origine presque aussi modeste que son compatriote et futur compagnon de martyre, eut, sous la forte discipline de Saint Ignace au collège de Billom, la bonne fortune d'une éducation qui, en même temps qu'elle ouvrit son âme particulièrement douée pour l'étude aux clartés des sciences profanes, la tourna de bonne heure par une sorte de pente apostolique de son esprit vers les questions religieuses et les enseignements de la foi.

Sa vocation de docteur, d'apologiste et de missionnaire, se révéla dès son tout jeune âge quand, monté sur un tonneau comme du haut d'une chaire, il évangélisait la foule de ses petits camarades. Ce témoignage presque inconscient qu'il rendait alors à l'Evangile, allait bientôt être, à mesure qu'il grandissait, la passion raisonnée de sa jeunesse.

Devenu entre temps novice de la Compagnie de Jésus, il était à dix-huit ans le lauréat incontesté de philosophie de l'Université de Pont-à-Mousson, réputée presque en naissant à l'égale des plus illustres.

Sans prévoir, comme en faisait le vœu l'historien de l'Université qui l'inscrivait le premier aux registres de gloire de la maison, que ces premiers succès lui frayaient le chemin du martyre, ses maîtres, pressentant du moins qu'en ce jeune et brillant élève qui, en dépit d'une santé plus que médiocre et toujours éprouvée, comprenait et retenait tout, il y avait l'étoffe d'un professeur éminent, l'envoyèrent achever ses cours philosophiques à Paris ? Il y fut non seulement le modèle des étudiants, mais encore l'arbitre de leurs petites discordes et le vainqueur de leurs tournois scolaires.

Sorti comme d'un triomphe de l'acte solennel qui le proclamait tel entre ses émules, il allait retourner en théologie à Pont-à-Mousson, tout auréolé d'une vraie gloire. Il s'y montra si supérieur qu'au bout de deux ans d'études, la chaire de philosophie de l'Université étant devenue vacante, lui fut offerte comme au plus capable d'y rendre comme professeur le témoignage de la foi. Cela devait retarder de trois années le sacerdoce de cet apôtre dont l'effort, les désirs comme toute la science, ne convergeaient que vers l'Hostie. Il s'y résigna, car ce sacrifice pour la vérité à répandre le mettait davantage dans la ressemblance eucharistique à laquelle aspirait son amour. Cet amour, cette eucharistie, cette foi dont il brûlait intérieurement, il eût ambitionné de les porter aux plages infidèles. L'obéissance à ses supérieurs, en le clouant à la terre de France, le rendait et l'attachait pour l'instant aux seules questions de doctrine.

Devant les négations protestantes qui s'élevaient sacrilègement partout contre elle, la présence réelle lui semblait la vérité de beaucoup la plus importante à établir solidement comme le rempart de toutes les autres. Ainsi qu'elle avait passionné Thomas d'Aquin, elle le passionnait à son tour, et elle allait lui causer un vrai martyre dogmatique, avant celui du sang pour sa défense. Comme il en expliquait le traité à ses élèves, désireux de leur en présenter une meilleure et plus adéquate intelligence, et voulant aplanir aussi pour les hérétiques certaines difficultés réelles, il leur donna du mode de présence de Jésus-Christ sous les saintes espèces, très controversé alors, une explication d'école (1) qui, bien qu'enseignée par le docteur angélique et déjà professée à Paris, comme elle devait l'être plus tard par les maîtres les plus autorisés, souleva devant ses supérieurs et jusqu'à Rome d'âpres contradictions.

A ce témoin si vraiment apostolique de l'Eucharistie, on demanda une rétractation publique que, malgré le sacrifice imposé, son humilité, pour l'exemple de tous

____

(1) *per modum spiritus.*

les doctrinaires d'aujourd'hui, fît complète. Mais l'Anéanti de la croix et du tabernacle, qu'il avait servi jusqu'à la mort de sa pensée personnelle, lui en réservait une éclatante revanche : *Propter quod Deus exaltavit illum !* puisque quelques mois plus tard le Père Général, mieux informé, nommait contre tous les usages, sans examen et sans délai, le Père Salès docteur en théologie, ce qui signifiait en l'occurrence, docteur en théologie eucharistique !

Ces études et ces oppositions quoique devenues radieuses pour lui avaient brisé ses forces. Pour un assez long temps retiré à Dôle, puis à Tournon où il ne professa, glorieusement toujours, que peu de mois, il ne put plus guère écrire, comme emploi de ses loisirs, avant le martyre d'Aubenas qu'il avait entrevu et plusieurs fois prophétisé, que de petits traités à l'usage des hérétiques sur les points controversés et notamment sur la Sainte Eucharistie, à laquelle le ramenaient sans cesse et les besoins du temps et ceux de sa foi.

Tel était dans sa vie intellectuelle l'un des Bienheureux que nous fêtons, et ainsi rendait-il en apôtre son préalable témoignage à la vérité, tandis que par des voies tout intuitives, en raccommodant des chaussures, et en gardant la porte, son compagnon d'immolation, frère lai de la Compagnie, se préparait à le rejoindre.

Comme ce premier exemple qui découle de leur histoire, mes frères, est suggestif pour tous les contempteurs actuels de l'Eucharistie, qui ne sont tels souvent que pour être d'abord les contempteurs, ou du moins les indifférents et les blasés de la vérité. Car tout est là : connaître pour ensuite aimer et mieux servir... connaître Dieu dans sa nature et Notre-Seigneur Jésus-Christ dans ses mystères, dans ses sacrements, pour devenir leurs adorateurs et leurs disciples jusqu'à l'union de la pensée, de l'amour et du sang, si un jour il le faut. Il en résulte pour chacun de nous l'impérieuse obligation d'apprendre, au-dessus des formules de foi et de prière qui restent trop souvent lettres mortes en demeurant familières, les enseignements fondamentaux de notre religion battue aujourd'hui en brèche, non seulement dans ses dogmes eucharistiques, mais dans toute sa doctrine surnaturelle, par des ennemis outranciers qui n'ont plus même les ultimes ménagements des calvinistes.

Vous comprenez dès lors, devant les périls chaque jours plus menaçants de l'éducation officielle, areligieuse et athée, combien il importe aussi à la famille et aux maîtres chrétiens de planter fortement en l'âme neuve des enfants la vérité catholique qui seule les rendra libres, et les gardera à travers les orages de la jeunesse comme plus tard parmi les ambitions de la maturité. Faute d'en être instruits, toutes les objections en effet, ne vous surprennent-elles pas vous-mêmes désarmés ; et faute de la posséder, voyez donc les étonnements et les épouvantes où certaines attaques vous jettent ; les témérités doctrinales et les concessions de libéralisme aveugle où tant de personnes s'engagent sans en soupçonner la portée. J'ose vous affirmer, en y mettant des instances, qu'à l'école de vos Bienheureux le souci des idées et de la vérité est le premier des soucis ; et j'ajoute que c'est à l'enthousiasme qui naît des doctrines, comme en Jacques Salès, que ce souci se reconnaît.

Toute idée qui ne vous rend pas apôtres mérite ainsi suspicion, car c'est que vous n'y tenez pas ; c'est qu'elle ne pénètre pas votre vie.

Un jour, dans l'Evangile, le Sauveur saisi d'une sorte d'inquiétude sublime, fit à trois reprises au chef des Apôtres la question qui renferme toutes les autres, la seule au fond qui intéresse Dieu dans son infini, et l'homme dans sa misère : « M'aimes-tu, m'aimes-tu plus que ceux-ci ? C'est-à-dire m'aimes-tu autant qu'il est possible d'aimer ? »

« Seigneur, vous savez bien que je vous aime, » répond l'apôtre, et l'Evangile ajoute qu'il fut triste de voir qu'en l'interrogeant trois fois, Jésus avait paru se défier de son cœur et douter de sa parole.

Vous possédez la vérité, dites-vous. Après mûr examen, vous avez fait choix d'une religion ou d'une philosophie, d'une croyance ou d'une incrédulité. Mais, si la vérité que vous prétendez servir vous interrogeait, comme le Christ interrogea saint Pierre, pourriez-vous, oseriez-vous répondre : Oui, je t'aime et je suis prêt à mourir pour toi.

Messieurs, mettez la main sur votre cœur et ayez le courage de vous demander si votre vérité d'aujourd'hui obtiendrait de vous un pareil dévouement, sans compensation d'intérêt, d'honneur ou de pouvoir. Si vous hésitez à sacrifier tout ce que vous avez et tout ce que vous êtes pour votre doctrine, vous n'êtes pas assurés de sa vérité, vous n'êtes pas des penseurs sincères, vous n'êtes peut être pas de bonne foi.

Eh ! non, ils n'aiment pas pratiquement, efficacement, passionnément la vérité, tous ces dilettantes de la pensée qui font et défont, à leurs caprices, leurs certitudes successives, qui s'agenouillent suivant le vent du jour à tous les autels en vogue, pour courir demain à de nouvelles amours ; pour qui la vérité c'est de se divertir, qui escamotent en plaisantant le problème de la vie, qui répudient l'une après l'autre toutes les idoles pour s'exalter et pour se diviniser eux-mêmes, et qui courent ainsi aux précipices avec un bandeau sur les yeux pour ne point voir.

Ils n'aiment pas la vérité, tous ces Pilates qui l'interrogent en sceptiques ; comédiens de l'idéal qui clament vers le ciel leur soif de comprendre et qui, avant toute réponse, laissent tomber leurs bras de blasés et n'écoutent que l'écho vide de leur propre voix, qui ne veulent que la vérité qu'ils se donnent à eux-mêmes, qu'ils font à leur image, qui ne les oblige pas à sortir de leur orgueil et de leur égoïsme.

Ils n'aiment pas la vérité, tous ces charlatans de la science à qui il faudrait des miracles quotidiens pour flambeaux et qui n'en trouvent jamais d'assez évidents pour eux ; tous ces superbes qui se détournent avec des gestes incrédules, sous prétexte qu'il n'y a rien d'incontesté parmi tant d'opinions différentes, de religions et de cultes divers ; toutes ces victimes d'un faux respect d'autrui qui ne veulent pas, prétendent-ils, se distinguer, qui regardent comme une loi sacrée l'imitation de la foule, qui ne vivent que par et pour les autres et qui sont prêts à se perdre par déférence, comme si beaucoup d'hommes méritaient qu'on les suive pas à pas ; tous ces esclaves enfin de l'opinion, de l'intérêt ou de l'argent, qui en un temps de liberté publique subissent sans mot dire des servitudes honteuses, qui doutent ou nient suivant l'occasion, menés par de simples regards d'homme, à la merci du tourbillon qui emporte les foules, en proie à la fièvre unique de l'or ou de l'argent qui sont la seule vérité d'un grand nombre, le seul symbole et le seul Dieu de beaucoup.

*
* *

Il faut, mes frères, qu'illuminée d'autres clartés, l'âme humaine jette un autre son pour rendre, après celui de la foi, le témoignage de l'amour.

On rencontre, il est vrai, de ces âmes toutes simples qui descendues du ciel dans un corps mortel en ont gardé les enivrements éblouissants. Elles aiment alors d'instinct avec une fidélité sans réserve, comme l'étoile brille, comme la fleur répand son parfum, comme le lierre s'attache au mur. On ne voit pas qu'elles aient jamais rien appris ; et pourtant elles savent, parce qu'après tout la vraie science divine depuis le matin du monde, depuis la cène et depuis la croix, n'est-elle pas de se donner tout entier à Dieu d'abord et puis aux autres. Telle est sans autre phrase l'histoire d'amour naïve de Guillaume Saultemouche. En sa bonne foi d'homme de service, il avait fait, à son usage, de son Credo et de son Décalogue, comme d'ailleurs de l'Evangile et de l'Eucharistie — qui sont, à le bien prendre, une doctrine et une religion de sacrifice et d'immolation, et dont il ne connaissait peut-être que ces grands traits généraux, — une sorte de synthèse mystique qui inspirait et dirigeait toute sa vie soit dans son dévouement à Dieu, soit dans ses relations avec les autres. Sans doute ce n'étaient ni les transports lyriques des Psaumes, ni les ardeurs enflammées de Paul, ni les chants séraphiques d'un François d'Assise ou d'un Père Eudes. Mais n'est-ce pas en lui d'avance le signe d'une âme divine que de s'être rencontré, dans l'expression toute concrète de sa tendresse pour le Maître qu'il voulait reproduire, avec Sainte Thérèse et Sainte Madeleine de Pazzi. Le *souffrir* ou *mourir* de l'une et le *toujours souffrir, jamais mourir* de l'autre, en devenant dans sa bouche et dans son existence de saint, qui ne fut pas sans épreuves, cette devise originale de sacrifice perpétuel : « *Endure, chair, endure* », sont bien de la même école, de la grande école des amants passionnés du bon Dieu.

S'il avait un tout autre raisonnement — nous l'avons dit — on ne trouvait pas moins d'ardeur affectueuse dans l'amour divin de Jacques Salès, puisé aux sources vives de la connaissance. Il procède en effet chez lui de la claire vue des docteurs et non pas seulement de l'impulsion divinatrice des mystiques. Le frère

Guillaume, c'est un peu le bonhomme du Curé d'Ars
en extase muette devant la porte du Tabernacle. Dans
la manière d'affirmer son amour de Notre-Seigneur et
de la Sainte Eucharistie, c'est par anticipation chez le
Père Salès quelque chose des Elévations de Bossuet.
Mais n'est-ce pas à leur façon commune, où la doctrine
et la simplicité s'harmonisent, qu'on aimera Dieu au
Paradis, d'où que viennent les clartés, dans le face à
face d'une contemplation sans ombre !

En attendant, rien n'est touchant et suggestif comme
la piété de ce saint et éminent religieux qui pourrait
disserter de la Charité en théologien abstrait et qui
n'en parle qu'avec l'humble confiance d'un enfant. On
eût dit, à l'entendre évoquer dans ses conversations
qu'elles remplissent le sacrement d'amour, — car c'est
à lui qu'il revient sans cesse comme au sommet de la
foi — les effusions d'âme d'une Carmélite en prière.
Cette sérénité dans l'abandon de tout son être à
l'expression et à la méditation des excellences divines
qui le jetaient dans des étonnements et des actions de
grâces sans fin, n'était pas de sa part sans un rare
mérite; car triste et violent de nature, en même temps
que chétif à l'excès, il avait besoin de se vaincre et de
s'oublier plus qu'un autre; mais il l'avait tellement
fait, en vrai fils de St Ignace, que la gloire de Dieu
seule occupait sa pensée et inspirait son oraison. Elle
lui était si uniquement familière qu'elle transpirait
dans tous ses propos, où la doxologie revenait comme
un refrain et où le désir du martyre, pour l'accroître,
prenait de plus en plus corps tous les jours. « Pendant
quinze ans, pourra-t-il dire en témoignage de son
divin amour, j'ai demandé à Dieu de mourir pour lui ».
C'était sa seule ambition, et dans l'intimité il avait,
pour en exprimer la soif qui le brûlait, deux syllabes
bien significatives : Oh! si... Oh! si... qui venaient
résonner incessamment sur ses lèvres, mais restaient

toujours bien vivantes en son cœur. S'il avait sollicité la mission des Indes, sans penser alors comme le lui répondit son supérieur, qu'elles étaient pour lui toutes proches, rien autre chose que l'espoir du martyre ne l'y appelait.

A parler un jour devant ses élèves du baptême de sang, comme la vision s'en était révélée tout à coup à son regard, sa voix si pondérée d'habitude s'exalta et le vase de son âme brisé par l'élan de ses désirs laissa déborder le secret de toute sa vie.

Il puisait dans une dévotion exceptionnelle à la Sainte Eucharistie cette passion qui le transfigurait en le consumant, et qui l'éleva plusieurs fois dans l'annonce de ses destinées jusqu'à l'intuition d'un véritable prophète. Avec la gloire de Dieu en effet et le martyre, le Saint Sacrement était le foyer de son cœur, comme il avait été le centre de ses études.

Jacques sentait un tel besoin du tabernacle qu'il ne laissait point passer une heure sans avoir été s'agenouiller à la chapelle. Si on l'appelait à la porte, s'il s'en retournait en sa chambre, s'il allait par le collège, passant et repassant, proche du chœur, d'où l'on pouvait voir le lieu où l'on pose le Saint Ciboire, il entrait à chaque fois pour rendre hommage à cette Hostie céleste. Ainsi peut-on dire que si ses yeux se sont fatigués sur la terre, c'est à regarder le tabernacle.

Rien n'a transpiré dans son histoire pourtant, que nous sachions, de la piété sacerdotale avec laquelle il célébrait la sainte messe. Ce devait être pour lui, à la façon angélique de St Thomas d'Aquin, une sorte d'extase dont il est facile de supposer l'intimité et les élans, quand l'un de ses biographes, le Père de Gissey, en son style original, donne des autres pratiques de son culte eucharistique ces détails significatifs :
« L'une des pièces les plus remarquables, parmi le bel

arroi de ses dévotions, était la particulière et extraordinaire affection dont il ardait sans cesse envers le
gage d'amour de Dieu, le Divin Sacrement et sacrifice
de l'autel ; car outre qu'il en devisait volontiers, ses
devis n'étaient ordinairement pas sans la bonne grâce
d'une ferveur religieuse qui semblait le transporter.»

Dans ce cœur à cœur répété douze ou quinze fois
par jour, le jeune professeur oubliait sans doute un peu
les subtilités de l'esprit, mais il s'élevait aux plus
hauts degrés du divin amour, prêt à lui rendre, quand
sonnerait l'heure providentielle, le plus sublime
témoignage.

De cette vie intime de sacrifice et d'union à Dieu des
Bienheureux, découlent d'abord pour nous, mes frères,
si nous voulons leur rendre de légitimes hommages,
des devoirs impérieux d'imitation dans deux ordres
d'idées singulièrement troublés et amoindris où leurs
exemples donnent à notre époque voluptueuse, frivole
et superbe, de bien opportunes leçons. S'il fut jamais
un temps où la devise originale du frère Saultemouche :
« *Endure, chair, endure* » est de circonstance comme
un rappel à l'austérité rédemptrice de l'Evangile, c'est
bien le nôtre où la ruée vers le plaisir, le bien-être et
l'existence facile, a honteusement déshonoré, jusque
dans les familles catholiques, les antiques mœurs
chrétiennes dont la réserve et la mortification faisaient
la beauté autant que la force.

A un autre point de vue l'histoire du Père Salès, —
avec l'inexorable sérieux de sa pensée tournée tout
entière, comme vers l'unique nécessaire, à la connaissance de plus en plus approfondie et à l'image chaque
jour mieux reproduite du Christ anéanti sur la Croix et
dans l'Hostie, — est une orientation bien digne d'attention pour un siècle féru d'orgueil, de sciences profanes
et de progrès humain, toujours si prompt à chasser de
son œuvre même, par un laïcisme envahissant, le

Dieu d'amour dont la gloire à chanter et à procurer était pour le Bienheureux comme une hantise sacrée...

Mais c'est dans leur dévotion à la Sainte Eucharistie surtout dont ils avaient été, comme je l'ai montré, les transfigurés, avant d'être les martyrs, qu'ils sont nos modèles et nos maîtres. Les ayant faits tous deux par son intimité, dans des conditions très diverses, les témoins prédestinés que nous avons dits, elle pourra faire de vous tous, mes frères, aux mêmes conditions de service et d'union, non seulement de pieux adorateurs et de privilégiés convives, mais des êtres divins, comme son culte, Dieu merci, dans tous les rangs de la société en crée tous les jours. Car ce n'est pas un mythe d'école, ni une légende populaire et lointaine que les transformations d'âmes opérées par la Sainte Hostie. L'indifférence, qui glace à l'heure présente tant de chrétiens légers, ne les a pas encore heureusement refroidis tous. Il est toujours des hommes jeunes et vieux au cœur généreux et chaud que la charité du Christ passionne et presse, et qui prennent feu à son brasier d'amour ; de pieuses femmes, de pures jeunes filles, qui s'efforcent de répondre aux avances de Dieu par la ferveur d'une affection constante, qui n'ont de vrai bonheur ici-bas qu'à s'unir à lui dans les délices de la communion fréquente, et qui, revenant de la Table sainte, s'écrient dans la joie dont Jésus remplit leur âme, comme l'épouse des Cantiques : « *Dilectus meus mihi et ego illi ;* Mon bien-aimé est à moi et je suis à lui ». Ou bien comme l'Apôtre : « *Vivo ; jam non ego vivo ; vivit vero in me Christus* ».

C'est l'avant-goût et la jouissance anticipée du ciel pour lequel nous sommes faits ; et c'est l'ébauche de la divine ressemblance qui nous attend, mais ne s'achèvera que là-haut. Ainsi le Père Salés en comprenait la sublime doctrine... Il est bien en effet de la sagesse et de la bonté de Dieu, qui nous aima jusqu'à l'excès, de

produire en nous progressivement par un moyen à lui
la perfection suprême où nous appellent, outre sa
tendresse, les aspirations de notre intelligence et le
besoin de repos de nos cœurs. Comme la pierre se
taille avant d'entrer dans l'édifice, dont elle ne sera
l'ornement que si elle est en proportion avec ses
lignes, le portrait aussi s'esquisse avant de se parfai-
re ; et le dessin rudimentaire doit précéder la grâce
des formes et la splendeur du coloris, pour que le
tableau soit un chef-d'œuvre. C'est là précisément le
travail et l'avantage de la communion eucharistique.
Elle assimile insensiblement l'homme à Dieu ; elle
trace en lui chaque jour, par d'intimes retouches, un
nouveau trait de la perfection divine.

Sa vertu première est de réparer les ravages du
péché. Comme ici-bas certains aliments généreux ont
la propriété de changer les tempéraments, de les
refaire et de les rendre forts, la Sainte Eucharistie a le
privilège d'agir d'abord sur nos corps. Par suite du
péché de nature, il y a dans les puissances inférieures
de notre être des appétits grossiers, une loi de la chair
dans nos membres qui combat contre la loi de l'esprit.
Qui peut mieux les affaiblir et les vaincre que le corps
et le sang de Jésus-Christ appliqués sur nous, péné-
trant en nous ? La communion modère ainsi la concu-
piscence, assainit nos convoitises, calme nos passions.
Elle nous donne par conséquence l'énergie dans la lutte
contre le mal, et elle y rend nos efforts plus constants.
Elle nous apporte donc plus que la guérison ; elle
ramène avec elle la force, la grâce et la beauté... Ne
savez-vous pas, pour vous le faire mieux comprendre,
qu'il est des breuvages exquis, des vins de choix —
qu'on recherche à grands frais — qui accroissent la
vie, qui répandent la joie dans tout l'être, qui donnent
de l'élan à notre esprit, des ailes et comme du génie à
nos âmes ? Alors que doit-ce être du corps et du sang

de Jésus-Christ vivant dans nos cœurs ? L'Eucharistie agrandit nos désirs, idéalise nos pensées, surnaturalise nos actions, développe en elles le sens chrétien, et par la grâce qui la remplit, divinise peu à peu toute notre nature, lui donnant ainsi, avec l'empreinte céleste, le gage de la prochaine gloire. « *O sacrum convivium, in quo Christus sumitur, mens impletur gratia et futuræ gloriæ nobis pignus datur !* »

Tel est entre Dieu et l'homme le mystère initial de la communion. Mais est-il possible que deux si grands amours ne s'unissent que pour cacher dans l'invisible sanctuaire, où se fait leur union, les fruits de leur fécondité ? Non, de tout foyer la chaleur forcément rayonne. L'Eucharistie a enveloppé le monde d'une chaude atmosphère de bienfaisance et de paix. Jésus s'y assimilant chaque chrétien et l'y changeant en un autre lui-même, tous ceux qui sortent de ce banquet sacré deviennent des Christs vivants ; ils se ressemblent donc entre eux. C'est le même esprit qui les anime, le même cœur qui aime en eux, le même but qui les attire. Où pourrait être encore le prétexte d'une division sociale, si le Christ est vraiment reçu comme il se donne ?

L'orgueil qui sépare les classes et crée l'antagonisme entre les petits et les grands ; l'égoïsme qui, renfermant chacun en soi-même et ne donnant pour but que la jouissance et le bien-être, dessèche en l'âme la source de la compassion et de l'amour ; la haine qui rend sourd aux gémissements du repentir et nourrit dans l'âme les feux de la vengeance ; tous ces ferments de discorde enfin, la communion les apaise avec une puissance que n'atteindra jamais aucun des autres moyens de pacification que vous pourriez imaginer. En descendant dans le sein même de l'homme, Jésus-Christ porte dans les retraites les plus reculées de l'âme, là où se cachent, comme dans leur repaire, toutes les passions violentes, sa paix divine, composée de pardon et de dévouement. Mais Dieu, dans l'amour qui le presse, oubliant pour se donner à nous, les trahisons, les ingratitudes et les outrages qui donc résisterait à l'entraînement de cette condescendance amoureuse ?

Et n'est-ce point, en effet, après la communion que l'on se sent la force de subir une humiliation, d'accepter un joug détesté, de porter une injustice ou une douleur, d'aller au devant même de la honte, de la peine et du sacrifice ? Combien d'injustes colères tombent à ce banquet sacré ! Combien d'actes de résignation s'y accomplissent ! Combien d'âmes, meurtries d'une injure ou d'une souffrance, s'y transforment !

O vous, pécheurs, dont la nature entière est à refaire ; vous, jeunes gens, que votre chair fatigue de ses sollicitations incessantes, et que votre cœur aveugle de ses continuels orages ; vous, victimes de l'inconstance et du découragement, que trahit toujours, malgré tant de bons désirs, la fragilité désespérante de la nature ; vous, âmes aimantes que les tristesses, les désillusions et les abandons de la vie, abattent, dessèchent et referment ; vous aussi, affamés de vivre, que les présages de la mort épouvantent ; vous enfin, malheureux fils de ce siècle égoïste et sensuel, qui ne pouvez sortir de vous-mêmes, de vos voluptés, de votre orgueil, et qui sommeillez dans l'ivresse de vos passions ; et vous encore, âmes justes et haletantes après Dieu, tous et toutes, qui que vous soyez, venez, ah ! venez à l'Eucharistie ! Elle est le sûr remède aux convoitises, aux passions, au malheur. Elle fait les vierges ; elle crée les forts ; elle est dans ce monde qui passe le gage d'une vie meilleure ; elle dilate les âmes jusqu'à la mesure divine : elle les ouvre et les élève à toutes les vertus domestiques et sociales, à la vaillance, à la pureté, à l'héroïsme de la prière et du don de soi...

Point de miracles de dévouement dont ne soient capables ceux qui persévèrent dans la communion du pain eucharistique. Tandis que les attardés aux maigres festins de la terre attirent avidement tout à eux, comme des faméliques qui n'ont jamais assez, les hôtes assidus de la Table sainte, dans la joie d'une vie qui surabonde, n'ont qu'un bonheur : se répandre en bienfaits sur les autres. Qui donc donne aux apôtres le courage de porter au monde pécheur, au monde barbare, au prix de mille sacrifices et même de leur vie, la lumière de l'Evangile ? Qui leur fait traverser les mers et leur souffle, sur les terres les plus lointaines où la patrie plante son drapeau, la sainte passion de faire aimer la France presqu'autant que Dieu ? Qui garde le prêtre chaste et dévoué dans sa vie solitaire ? Qui soutient la vie immolée des victimes que le cloître cache aux yeux du monde, hosties vivantes chargées par vocation des expiations que nous devons à la justice divine ? Qui réconforte la Sœur de charité dans la répugnante monotonie de sa besogne sans gloire ? Qui lui conserve, dans ses tristes salles d'hôpital, ses tendresses de mère pour tous ceux qui souffrent et son sourire éternel au chevet des mourants ?

L'Eucharistie, mes frères, rien autre chose qu'elle... elle, toute seule, qui met au cœur humain le Dieu qui ne capitule jamais.

*
* *

Elle tenait en réserve nos Bienheureux pour les suprêmes et victorieux combats du martyre, après en avoir fait au préalable ses témoins et ses dévots amants.

Après bien des années de séparation, providentiellement acheminés vers Tournon par des voies très différentes comme Dieu sait en ménager pour sa cause, les deux compagnons d'enfance s'y trouvaient réunis à l'automne de 1592, dans une même communauté, inconsciente peut-être, de vues et de désirs. Le lieu des luttes décisives, Aubenas, n'était plus loin, ni dans le temps ni dans l'espace. La petite ville attirait mystérieusement le Père Salès. Bien qu'il ait eu, à Valence, au Carême précédent, de grands succès d'apostolat, se plaignant un jour de l'inutilité de ses efforts, il ajoutait radieux : « Mais l'année prochaine, à Aubenas, je serai plus heureux et produirai plus de fruits. » Rien pourtant alors ne lui pouvait faire prévoir même un ministère possible.

Or il advint que, voulant assurer à ses concitoyens catholiques le bienfait d'un enseignement plus solide devant les attaques et les argumentations des protestants qui, malgré la trêve signée avec eux depuis la reconquête de la ville, relevaient chaque jour plus audacieusement la tête et les prétentions de l'hérésie, le gouverneur d'Aubenas demanda, pour l'Avent de cette année, au Père provincial des jésuites un missionnaire qui fût très bon théologien, capable de confondre les ministres de la religion réformée. Désigné pour cette tâche de choix : « Ah ! Dieu soit loué ! » s'écria le Père Salès au Père qui lui en portait l'heureuse nouvelle : « C'est à Aubenas en effet que j'espère obtenir du ciel ce que depuis si longtemps je lui demande ».

Et les deux prêtres, ayant dit debout le *Te Deum* d'action de grâces, se mirent à genoux pour réciter le *Salve Regina* du tout prochain départ. Par une attention délicate des supérieurs, c'est le frère Saultemouche qui sera le compagnon du missionnaire. Il le connaît depuis vingt ans, ce frère simple et bon, que tant de liens d'origine et de cœur avaient fait pareil à lui. Pouvait-on lui donner un auxiliaire meilleur pour l'associer à son sacrifice ? Mais c'est au triomphe plutôt qu'ils vont s'en aller ensemble, ces deux petits. Dieu, qui jadis avait choisi parmi les pêcheurs de Galilée ses douze apôtres pour être les hérauts de son évangile, veut aujourd'hui encore deux pauvres — façonnés, il est vrai, par sa grâce, — un fils de domestique et un fils de colporteur, pour messagers et pour martyrs de son Eucharistie. Ainsi, pour l'espérance et la consolation des humbles, fait-il toujours...

Le sac de toile des missionnaires fut bientôt prêt. Trente sols serrés dans un mouchoir... un peu de linge, quelques écrits parmi lesquels le petit Traité du Saint Sacrement qui allait devenir aux yeux des Protestants le motif du martyre, des grains bénits, des *Agnus Dei* sur ébène, une croix d'argent renfermant des reliques, une horloge de sable et quelques livres de piété, tel était tout leur bagage... En passant devant la loge du portier, le Père Salès le salua selon l'usage de la Compagnie, en disant : « Mon frère, priez pour nous, nous allons à la mort »...

Les débuts de la mission à Aubenas ne la firent pourtant point présager. L'Avent fut une sorte d'ovation pour l'Apôtre. Les huguenots eux-mêmes venaient presque en foule entendre l'exposition qu'il faisait si loyalement du dogme, tous ravis de rencontrer un homme à la fois si docte et si respectueux des convictions d'autrui. Son historien à ce sujet fait ici une réflexion qui a bien sa valeur permanente. « Est-ce que pour faire aimer le soleil, il est besoin d'attaquer la nuit ? » Les catholiques de leur côté se plaisaient à dire que ce Jésuite savant et bon ne ressemblait à aucun des autres prédicateurs, servant non seulement d'arc-boutant et d'estançon pour la foi, mais aussi d'épouvantail à l'hérésie. Devant cet enthousiasme, on décida de retenir le Père Salès pour le Carême.

Comme il occupait l'entre-temps à des prédications dans les paroisses environnantes, un gentilhomme huguenot eut l'idée de mettre aux prises avec lui, dans une discussion théologique, un certain ministre protestant du nom de Pierre Labat, qui faisait dans le pays le fier-à-bras et défiait tout le monde en dispute. L'heure et le lieu de la controverse furent convenus de part et d'autre ; mais dans une salle comble et curieuse le Père Salès attendit en vain. Labat ne vint pas ; et la blessure d'amour-propre ouverte au cœur de ce dernier par la constatation publique de son infériorité eut les plus graves conséquences.

Humiliés avec lui, et non moins haineux depuis cette défaite, les ministres protestants, sentant partout l'influence grandissante du missionnaire, résolurent d'en finir, « parce que, disaient-ils, si ce Jésuite ne meurt pas, c'en est fait, dans tout le Vivarais, de la Réforme ». Pour cela, il faut violer la trêve sacrée ; pour cela, il faut par un coup de main reprendre la ville, où le Père Salès devant la menace des événements s'était retiré. Qu'à cela donc ne tienne !

Dans la nuit du 5 février 1593, Aubenas forcée par surprise est envahie par les bandes huguenotes, qui se précipitent au domicile des missionnaires révélé par un traître. Au premier bruit de l'attaque, devinant le plan impie, ensemble ils étaient courus à l'église pour soustraire au moins la Sainte Eucharistie aux profanations. Devenus les ciboires vivants de l'hostie et ayant fait devant le tabernacle vide une vraie prière de Gethsémani, pour qu'au moment de la suprême épreuve, aucun geste, aucune parole ne leur échappe qui ne soit digne du nom qu'ils portent et de la Compagnie de Jésus, ils attendent à genoux sur le seuil de leur retraite les misérables qui les cherchent et vont presque à l'instant les prendre. Après les avoir couverts d'outrages, la troupe, clabaudant et hurlant

par les rues qu'elle tient les faux prophètes, les entraîne
chez les ministres. Le chemin du Calvaire fut long, et
l'on devine s'il fut cruel, puisqu'arrêtés de grand
matin, ils n'arrivent chez Labat qu'à midi.

Les disputes théologiques les plus diverses, — dont
il n'entre pas dans mon dessein de donner ici le
détail, — sur la grâce, sur le jeûne, sur l'abstinence,
sur l'autorité de l'Eglise, furent aussitôt entamées.
Elles allaient constituer le deuxième acte de la tragédie
sanglante et remplir toute la fin de ce jour.

Quoiqu'épuisé par la fatigue et la faim, le professeur
de Pont-à-Mousson et de Tournon, trouvant enfin
l'occasion de manier les armes dont il avait appris aux
jeunes Jésuites à se servir, en théologien habitué à
démolir toutes les subtilités, n'eut pas de peine à
réduire Labat et les ministres au silence ? Mais cha-
cune de leurs défaites était pour le Père un nouvel
arrêt de mort, qu'ils n'avaient pas honte de proférer
tout haut. Sur le soir, vint en discussion la Présence
réelle dans l'Eucharistie qui était entre huguenots et
catholiques le sujet de la grande et capitale controverse.

L'assemblée suivit avec passion la joûte redoutable.
Mais le Père était dans son élément... Défendre cette
Eucharistie tant aimée, pour laquelle, jeune professeur, il avait déjà souffert, cette hostie qu'à toutes les
heures de ses journées il allait visiter ! Affirmer et
prouver que Jésus-Christ est bien tout entier présent
sous les espèces du pain et du vin ; la défendre, cette
présence aimée, non plus devant des adversaires
simulés comme dans les cercles de théologie, mais en
face d'ennemis haineux, quelle gloire, quelle joie, quel
triomphe ! Ce n'était plus le philosophe prouvant le
libre arbitre, c'était le compagnon de Jésus qui avec
tout lui-même défendait le grand amour de Dieu.

Comme alors, sous les coups de fouet vengeurs de

son Verbe, tous les huguenots clamaient à la fois, en criant comme les juifs : Tuez-le ; tuez-le. « Permettez, dit-il, aux ministres, que je vous présente un livre tout entier écrit de ma main. Puisqu'il n'y a pas moyen de discuter avec vous, je vous prie de lire ce manuscrit à loisir. Il contient la doctrine de l'Eglise catholique sur le Sacrement. Par icelui vous verrez ce que je crois ; je l'ai composé et l'avoue pour mien. » Ce devait être la raison dernière de son martyre.

La nuit là-dessus était venue. Ordre fut donné de jeter les deux prisonniers, sans nourriture et sans feu, dans une salle basse, humide et froide.

Mais comme ils sortaient de la maison exténués, la Providence leur fit passer un morceau de pain par la main d'un enfant. Pour n'être pas le pain consacré de Tarcisius, c'était une attention délicate du ciel qui devait prendre autrement encore leur revanche.

Comme au cours des discussions le Père Salès avait demandé un verre d'eau qu'on lui avait refusé, il arriva qu'après le martyre accompli, toutes les citernes se vidèrent et la ville manqua d'eau pendant six jours.

Au lendemain matin, le sanhédrin des ministres le fait ramener devant lui. Tenant en main le manuscrit de la veille, Labat se met alors à blasphémer sur la vérité du corps du Christ et enjoint au Père Salès de la renier... C'en est trop. Le vaillant missionnaire, se redressant sous l'attaque, avec toute la fierté de sa foi, fait de sa croyance en l'Eucharistie une profession si vibrante et si conquérante qu'en face de la foule visiblement gagnée il n'y a plus que l'exécution en hâte pour laisser au Huguenot un semblant de victoire. On entraîne jusque dans la rue les condamnés. Mais, ô surprise, les bourreaux se récusent. Personne ne veut faire le mauvais coup. Pendant ce temps, le Père Salès en prière, les yeux fixés sur l'église Notre-Dame, invoque son saint patron. Le frère Guillaume s'attachant alors à sa robe comme à son sort, quelqu'un veut l'écarter de lui, lui promettant la vie sauve, s'il se tient coi. Mais, « ains, je mourrai avec vous, s'écrie l'humble compagnon à son maître, pour toute la vérité des points que vous avez disputés. » Au même moment, un coup d'arquebuse lâchement tiré dans le dos du Père Salès, jette à terre le glorieux champion du Sacrement, qui peut encore s'écrier, en s'affaissant : « Mon Dieu, pardonnez-leur. » Tandis qu'il expire, le frère Saultemouche veut une dernière fois l'embrasser. Mais la vue du sang qui coule enivrant les huguenots, dix-huit coups de poignard l'arrêtent et percent son pauvre corps pantelant ; il a pourtant encore la force, en s'envolant au ciel, de répéter sa devise favorite : « *Endure, chair, endure encore un peu.* »

L'Eucharistie vengée pouvait désormais compter ses premiers martyrs, et là-bas, en Auvergne, le ciel leur souriait, en illuminant à la même heure de rayons miraculeux la chambre où s'était écoulée et sanctifiée l'enfance du Père Salès. Deux ans durant pourtant des profanations indicibles laissèrent leurs saintes reliques, non seulement dans l'oubli, mais dans l'ordure, jusqu'à ce qu'une sainte chrétienne émule des Lucile et des Praxède, en les recueillant dans sa demeure, ait réparé le sacrilège. Et il a fallu des siècles, en dépit des miracles qui s'opérèrent à leur tombeau, pour que ces saints martyrs, dont l'histoire nous a tant émus et qui avaient tant voulu rester humbles, reçoivent de l'Eglise, en retour du témoignage du sang qu'après celui de la foi et de l'amour ils avaient si héroïquement rendu au Saint Sacrement, l'authentique témoignage de la gloire.

Et maintenant, mes frères, il me semble que les conclusions de ce panégyrique, qui s'est achevé en une ruée des passions humaines contre l'Eucharistie et ses martyrs, sont d'elles-mêmes assez parlantes pour que je n'aie pas besoin de les formuler en un programme détaillé de conduite chrétienne qui s'impose tout seul... Mais si l'occasion vous paraît manquer de défendre au prix du sang la même cause que nos Bienheureux, je me permettrai de vous rappeler que la guerre au Sacrement de nos autels dure pourtant encore, que là peut-être présentement est la lutte ardente, et que là toujours vous avez des témoignages à rendre, des fidélités à garder et des amours à manifester. Car il n'y a, souvenez-vous en bien, ni sacrement, ni sacrifice des autels sans prêtre. Et si aujourd'hui qu'elle ébranle tous les dogmes, l'incrédulité ne paraît pas s'en prendre plus spécialement à la vérité de la présence réelle qu'aux autres, elle a du moins, étalé au grand jour, le plan satanique de la détruire, en tarissant le recrutement de ceux qui l'assurent.

C'est pour elle, en effet, que le prêtre est choisi et consacré. Avant d'être l'homme de la prière, de l'absolution, des œuvres et de la vérité, ce que beaucoup croient trop tout son rôle, il est premièrement l'homme de l'Eucharistie, oui, l'homme du sacrement des sacrements, l'homme quasi divin *de la Messe.*

Entendez-le. Jésus-Christ, venu en terre et voulant y demeurer, a institué l'Eucharistie à deux fins : pour offrir à son Père une victime à sa taille, et pour nous incorporer à lui par la communion et, dans le corps mystique de l'Eglise, nous faire ses membres. Mais cette grâce des grâces de l'expiation et de l'incorporation ne peut se perpétuer que si le sacrifice se prolonge et, par conséquent, que si la Victime est toujours là. Le Christ, pour ce double ministère, a donc du prêtre qui crée l'hostie un besoin absolu. Il est une nécessité de cette double coopération ; car lui seul, en vertu des mots divins de l'institution même de son sacerdorce, peut renouveler par les paroles sacramentelles les merveilles de la Transsubstantiation, et produire, en même temps, par les paroles sacrificales la présence réelle de la victime à l'autel. Quand il y monte, portant avec lui toute la société des fidèles pour offrir le commun sacrifice, *nostrum sacrificium*, il entre vraiment dans une sorte de participation de l'énergie génératrice de Dieu.

Quelle voix puissante est alors la sienne ! plus puissante d'une certaine manière que celle qui engendra les mondes ! Ah ! l'éminente dignité de cet homme, de ce prêtre, un pauvre souvent, un timide, un humble pécheur aussi parmi ses frères, qui va prendre au sein même du Père la divine Victime pour la déposer sur le linceul du corporal ! Saluez ce mystère de notre élévation et de notre grandeur sacerdotales ! Sans nous, prêtres, sans nos paroles efficaces qui le rendent présent le Christ n'offrirait pas son sacrifice dans son Eglise, et Dieu manquerait ainsi de gloire, si j'ose dire. Si vous aviez de cela, mes frères, une notion précise, comme, au lieu de vos inattentions souvent, nous recueillerions vos docilités et vos honneurs ! Et si les pouvoirs publics s'en rendaient compte, eux qui ne trouvent pas les paroles d'autorité pour asseoir leurs traités avec les hommes, comme peut-être ils nous associeraient plus volontiers à leur gouvernement, nous qui commandons d'un mot aux puissances du ciel même !

On semble bien pourtant ne pas ignorer tout à fait, au camp adverse, ce prodigieux prestige eucharistique du prêtre ; car n'a-t-on pas tout fait contre lui ? Au secours des violences, des injustices, ou simplement des défaveurs privées contre la vocation, on a appelé encore l'appoint de lois publiques tracassières ; on a recouru au dédain de la hiérarchie et au dépouillement même de la séparation, c'est-à-dire à la misère presque organisée du prêtre, comme pour capter les sources et les grâces mêmes de la Messe. Les a-t-on assez bafoués, assez persécutés, assez mis en suspicion, assez dépouillés, nos prêtres ! Laissés nus comme des *Ecce homo* aux porches de leurs églises, on leur a tout pris hormi la couronne d'honneur sacerdotale qu'ils portent malgré tout sur leur tête, même quand elle n'est que d'épines.

Mais je comprends devant cette puissance et cette messe du prêtre qui a, de la terre au ciel, une si universelle portée et une si immense vertu que, dans la guerre à l'Eglise et à Jésus-Christ, les ennemis de Dieu, les laïcistes et les séparatistes, comme les huguenots d'hier, s'attaquent au sacerdoce comme au fondement profond qui soutient tout l'édifice religieux, comme au moteur sacré qui anime tout, comme au foyer d'où tout rayonne et où tout revient. C'est logique sans doute pour Satan et pour ses adeptes, si c'est douloureux pour nous, qu'on nie et qu'on dénature aussi l'Evangile, qu'on altère la vérité de la doctrine, qu'on brime l'Eglise, qu'on ferme les écoles ; mais tant qu'on n'a touché qu'au prêtre apôtre, et tant que demeurent debout les pierres des autels avec le prêtre qui consacre et qui sacrifie, tant que l'Eucharistie, enfermée au tabernacle, n'a pas déserté les églises, tant que dans une cité, dans un village, dans une mission, survivent quelques prêtres pour célébrer, la victoire religieuse de demain, malgré toutes les tristesses d'aujourd'hui, reste à l'Hostie de nos messes quotidiennes, car Dieu, par elle, est avec nous, Dieu sacrificateur et libérateur éternel !

Comprenez donc vous aussi, mes frères, ces impuissances humaines à la clarté de ces doctrines. Oui, comprenez aux flambeaux rayonnants des petites messes sacerdotales qui offrent au Père, chaque matin, dans des milliers de sanctuaires, le sacrifice glorieux et immortel du Fils, comment il se fait que, devant tant de fautes individuelles et nationales, les colères célestes s'apaisent sur nous aux heures nécessaires et comment les sourires du Christ, qui aime les Francs, malgré nos oublis et nos abandons populaires, enfantent, quand il le faut, nos victoires et nos résurrections publiques. C'est que la petite Hostie de nos Messes, élevée des tranchées de la guerre par-dessus les canons, où bien du tumulte païen de nos faubourgs et des mornes solitudes de nos villages déchristianisés, monte jusqu'au trône de Dieu son oblation pure, sainte, immaculée et toute puissante, retient sur nos têtes les nuées pleines de foudre, ou dissipe les orages vengeurs au bruit de sa prière souveraine.

Quelquefois, j'entends des prêtres découragés se plaindre de la stérilité d'un ministère où il ne leur reste plus guère que la messe à dire dans le vide d'une église, et des fidèles qui se demandent ce que font les moines et les moniales, à chanter des offices rituels au fond de leur cloître.

Ce qu'ils font, mes bien chers frères, et ce que vous faites encore, Messieurs, devant et sur vos autels qui semblent abandonnés : mais ils sauvent et vous sauvez les âmes pécheresses qui sont l'enjeu et le prix divin de la messe ; ils rachètent les patries coupables par la compensation mystérieuse de leur oblation volontaire ; ils gardent le monde qui s'écroulerait peut-être sous la ruine de ses fautes, si la croix et la messe rédemptrice n'en soutenaient les ébranlements.

Restez donc à votre sacrifice, comme Salès, humbles prêtres catholiques ; restez, si vous ne pouvez rien de plus, dans la simplicité de votre grande et magnifique fonction sacerdotale, qui est de consacrer le corps et le sang de Jésus-Christ, rythmant chaque jour davantage vos vies, pour en faire un germe de résurrection, sur l'Eucharistie de vos Messes.

Et vous, moines, mêlez, tant que vous le pourrez, à vos rites sacrés la pompe de vos cérémonies, de vos parures et de vos chants, pour que la sublime pacification, en s'élevant plus splendide vers Dieu de vos Messes solennelles, soit aussi pour la France entière et votre noble vengeance et la toute-puissante sauvegarde de ceux qui vous méconnaissent.

Il suit de là que de tous les actes religieux, de toutes les pieuses dévotions, il n'y en a point, chers fidèles, qui vaillent en vertu satisfactoire l'assistance au Saint Sacrifice de la Messe, avec la participation intime au divin banquet qui la consomme ; et que, parmi les âmes ardentes qui veulent et prétendent, en servant Dieu aux côtés du prêtre, coopérer au salut du monde, celles-là seules qui se baignent chaque matin aux flots débordants du sang des autels, les âmes familières de la Messe, les âmes hosties, les âmes eucharistiques, sont vraiment, comme le frère Guillaume, d'efficaces ouvrières rédemptrices.

Mais si le prêtre a une telle dignité et remplit dans l'Eglise une telle fonction sacrée, s'il rend à Dieu et à son corps mystique de tels services, s'il est dans le monde surnaturel un tel centre et un tel pôle, je ne m'explique pas que votre foi catholique le laisse trop souvent, sans relève possible, à l'isolement de ses autels où les dures fatigues l'usent avant l'âge, où le surmenage précoce bien des fois annihile ses énergies. Je n'arrive pas à saisir que des familles chrétiennes barrent à leurs fils par des volontés égoïstes les portes du sanctuaire. Je ne puis admettre qu'on dispute à la vocation, par un lâche marchandage, des enfants qui appartiennent à Dieu avant de vous appartenir ; je demeure stupéfait que les adolescents plus riches n'aient pas aussi d'ordinaire, et en tout cas davantage, les ambitions du sacerdoce, comme ils ont les autres. Et dites-moi pourquoi les pauvres, comme si la fortune ou la race était un cas d'exemption, demeurent toujours sinon les plus appelés, du moins ceux qui répondent le mieux aux signes des élections de Jésus, comme déjà en leur temps vos Bienheureux ? Faut-il donc croire qu'est inévitablement vrai le mot effrayant de Lacordaire qui demande dans une famille vingt générations de vertus quelquefois, pour recueillir l'honneur d'un sacerdoce domestique ; et dois-je penser qu'au trop grand nombre ces vertus manquent, à moins que ce ne soit aussi et d'abord les enfants ? Grave sujet de méditations à faire et de résolutions à prendre !

**

Songez, mes frères, en face de tous les faux docteurs qui livrent à la vérité d'âpres combats, et de tous les prôneurs de volupté qui sapent par la base les vertus austères de l'Evangile, à ce que deviendraient la société et la civilisation sans apôtres et sans modèles comme le Père Salès et le frère Guillaume, pour les rénover et les défendre ! Songez surtout à quels abîmes de décadence tomberait devant Dieu, sous son courroux, un pays livré sans prêtres à tous les écarts de la raison, à toutes les convoitises des passions perverses et à toutes les fautes qui tuent irrémédiablement les races privées de sacrifice.

Ce ne sera pas, mes Révérends Pères, la défaillance de votre Compagnie, si jamais pareil malheur menaçait la France. Car si vous pouvez aujourd'hui spécialement triompher dans la gloire de vos Frères Bienheureux, l'Histoire vous doit le témoignage éclatant que les Salès et les Saultemouche ne sont chez vous que les anneaux d'une lignée ininterrompue d'athlètes de la foi, de héros de l'amour et de chevaliers inlassables de la plus haute gloire de Dieu. En les saluant ce soir, au déclin de leur première solennité, je salue en eux la synthétique image de votre Compagnie et les porte-étendard de votre milice invincible, tout occupée, ce semble, à reproduire les traits de leur grande âme. Sur leurs pas ardents, lorsqu'il y a quelque part, pour le triomphe de la vérité et de l'intégrité de la doctrine, une lutte audacieuse à soutenir, toujours en effet quelqu'un de vous s'avance et bataille, petit David immortel contre le Goliath de toutes les erreurs. Lorsque l'Eglise, à côté des apologistes nécessaires à nos temps, veut aussi des missionnaires et des docteurs tout imprégnés de l'Evangile et de son esprit, elle vous appelle ; et sans repousser nul autre elle vous fait place au premier rang. Si elle vous laisse volontiers la liberté de certaines doctrines qui s'affirment d'abord et s'épanouissent ensuite dans les écoles, avant de passer dans les définitions dogmatiques, c'est qu'elle est sûre à la fois de la sagesse et de la docilité de vos théologiens, grandis aux lumières des *Controverses*, et rompus aux attaques des hérésies les plus subtiles.

Vous n'avez pas été dans l'histoire sans descendre avec l'avant-dernier de vos Bienheureux, Bellarmin, tardivement béatifié lui aussi, dans les arênes politiques. Plus d'un de vos casuites a rencontré, sans parler des conflits avec Pascal, des affaires religieuses et sociales plus difficiles à régler que celles de l'avènement au trône de Henri IV, et des joûteurs plus redoutables que Labat et les huguenots d'Aubenas. En avouant qu'autour du siège pontifical, que vous avez toujours voulu défendre, comme autour des Parlements et des rois, vous n'avez pas toujours été compris ou du moins agréés, il faut reconnaître que si les violences des passions humaines, dans leurs contradictions à l'Eglise, ont souvent requis des victimes, vous avez presque sans exception eu l'honneur des premiers ostracismes, réservés sans merci, dans l'esprit des lois de notre époque, aux seules et rares libertés qu'on ne peut refuser à personne.

Entre temps, appliquant avec une patience inlassable, dans le domaine de l'éducation, les théories de ce *ratio studiorum* qui a tant contribué à la gloire de votre Compagnie, comme dans le domaine de la morale ascétique, en réalisant les *Exercices* incomparables de St Ignace, vous avez multiplié les témoins de la vérité, de l'amour et du sacrifice, à la façon des Salès ; vous vous êtes créé à travers le monde un incontestable empire d'âmes et constitué chez nous une invisible armée, disciplinée par vos fortes empreintes, qui, lors même qu'elle ne triomphe pas dans la foule, forme et meut les élites. Avec elle aujourd'hui, comme les chrétiens de Tertullien, n'êtes-vous pas partout, dans les corps constitués comme dans l'armée, dans les universités comme dans les écoles, partout où une âme de valeur a besoin d'un idéal meilleur et se sent capable d'une perfection plus grande et d'une influence plus dévouée. Tels apparaissent en effet, en émules de vos Bienheureux, les *Jésuites de l'histoire*, ceux que la voix publique appelle de ce nom imprécis et compris de tous : les Pères.

Votre Compagnie dans l'ensemble a leur esprit, leurs moyens et leurs buts, leur emprise, leur passion de lumière et leurs poussées d'apostolat, leur indépendance et leurs méthodes, leurs oppositions et leurs gloires, leurs défaveurs et leurs résurrections. Les uns l'exaltent avec une sorte d'enthousiasme et les autres la dénigrent avec des colères que rien n'apaise. Mais elle passe, sans s'attarder aux applaudissements comme sans se buter aux épreuves, pourvu qu'aux lumières qu'elle porte les âmes s'éclairent, pourvu qu'aux exemples d'amour qu'elle lui donne, la foule un peu transfigurée reconnaisse chaque jour mieux le Jésus de son nom.

Elle s'habitue d'ailleurs aux Calvaires qui sont sa loi, comme aux Thabors passagers qui ne sont point son rêve. Heureuse et féconde Société qui poursuit, parmi la tempête coutumière comme parmi la rare sérénité de son histoire, la tâche plus souvent ingrate et obscure que glorieuse de ses Bienheureux et de ses Saints.

Ce m'est une joie, presqu'une récompense, et du moins un très grand honneur, d'avoir pu lui rendre ce soir, devant cette foule d'amis, alors que tant de critiques amères ne veulent point désarmer, ce témoignage sincère et désintéressé de louange, de confiance et d'admiration, en dressant de mon mieux, par ce trop long discours, un pavois d'apothéose à deux de ses fils, sinon les plus grands et les plus originaux, du moins peut-être les plus saints.

Ainsi soit-il.

A SAINT RÉGIS

A midi, dans la salle d'honneur du couvent de St Régis, très aimablement mise à la disposition du Comité des Fêtes, Messieurs les membres du Conseil paroissial recevaient à déjeûner Nosseigneurs les Evêques, les Représentants de la Compagnie de Jésus, ainsi que la plupart des prêtres présents à la cérémonie du matin.

Les Religieuses de St Régis, toujours si dévouées, qui avaient bien voulu assumer la charge de cette partie du programme, avaient mis, pour décorer la salle, orner les tables, préparer le menu, plus qu'un empressement au-dessus de tout merci, un art véritable. Fleurs, plantes vertes, guirlandes, peintures rappelant les armes des prélats présents, formaient une décoration sobre et fort distinguée à la fois. Tables et menu étaient d'une ordonnance parfaite.

Au moment des toasts, M. le Chanoine Demars, curé d'Aubenas, salue, en Monseigneur l'Evêque de Viviers qui préside, le véritable organisateur et l'âme de ces fêtes splendides. — « Elles sont bien votre œuvre, Monseigneur, dit-il, ces fêtes albenassiennes, en ce qu'elles ont de meilleur, de prenant et de beau ». — Et après avoir remercié Sa Grandeur au nom de la paroisse, des membres du Conseil paroissial, du clergé qui l'entoure, il ajoute : « Que notre humble et fier merci aille, par vous,

Monseigneur, jusqu'aux illustres prélats, vos invités, dont la présence et le bienveillant concours donnent à nos fêtes une somptuosité à laquelle nous n'osions rêver. »

Mgr Hurault répond alors par le discours, d'un à-propos si délicatement charmant, qu'on va lire.

Mgr Marnas, évêque de Clermont, en quelques phrases aimables, d'une suprême distinction, adresse au Vivarais, à son Evêque, à son Clergé, à sa population chrétienne, le salut et les remerciements de l'Auvergne, pays d'origine des Bienheureux si magnifiquement glorifiés.

Nous regrettons vivement pour nos lecteurs de n'avoir pas le texte de ces paroles éloquentes qui allèrent au cœur de tous les assistants.

Toast de Mgr l'Évêque de Viviers

Messeigneurs,

Messieurs,

Depuis de bien longs mois, le cher Archiprêtre d'Aubenas vivait dans l'attente. Semblable au prophète de la liturgie — *Aspiciens a longe, ecce video Dei potentiam venientem* — il voyait, non sans une grande joie, non aussi sans quelque frayeur, approcher la date désirée parce que glorieuse, redoutée parce que lourde de responsabilités, du triduum des martyrs.

Cette date, cher Monsieur l'Archiprêtre, elle est aujourd'hui révolue. Vous l'aviez attendue, vous l'aviez préparée ; à vous doivent aller d'abord les remerciements de votre Evêque, pour la merveilleuse façon dont vous avez prévu, organisé, réalisé, dans leur ensemble et dans leur détail, des journées magnifiques, dont le souvenir ne s'effacera pas.

Dans la béatification de nos martyrs de l'Eucharistie, reconnaissons d'abord, Messeigneurs, le triomphe de l'Eglise entière, et que notre reconnaissance s'adresse au Pasteur universel.

Reconnaissons-y aussi l'honneur de la Compagnie de Jésus. Vous avez eu grandement raison, mes Pères, en vos superbes prédications, de mêler son éloge à celui des héros de la fête. Que Dieu assure un long et paisible ministère aux frères de Jacques Salès et de Guillaume Saultemouche, dans ce beau pays qui déjà devait tant à St Régis! L'histoire du Vivarais, à Tournon, à Aubenas, à La Louvesc, se confond avec celle des fils de St Ignace. Que l'avenir ressemble au passé, ou plutôt qu'il en perpétue les labeurs et qu'il n'en connaisse pas les tristesses !

Mais, mes chers Messieurs, notre cher diocèse a bien le droit lui aussi de réclamer sa part du bonheur commun, et spécialement cette bonne ville d'Aubenas. Si, en effet, la jolie capitale du Bas-Vivarais garde dans ses annales le souvenir de courtes années protestantes, comme on conserve celui d'un cauchemar, depuis l'effusion du sang précieux qui l'a rachetée, elle a mérité par des siècles de foi et de dévouement chrétien, par la piété ardente de ses générations de catholiques, par la floraison continuelle de ses collèges, de ses maisons religieuses, de ses séminaires, le nom glorieux qu'elle revendique et qu'elle aime ; elle est devenue la Rome de l'Ardèche. Enthousiasme de la population, émulation ardente du clergé, des fidèles, des bonnes sœurs, des séminaristes, des deux jeunesses ; art pieux des scholæ, habileté des tisseuses de guirlandes et des semeurs de lumière, grâce prévenante de ceux auxquels on aurait, auprès du Vatican, décerné le titre de « camériers » ou plutôt de « gentilshommes » d'honneur des prélats, mais surtout empressement des auditeurs aux prédications, des communiants à la table sainte, que fallait-il donc de plus pour magnifier comme il convenait, les martyrs du Vivarais, sur le sol tragique où des hommes inconscients, en un jour d'égarement mais aussi de triomphe, ont massacré des apôtres et glorifié des saints ?

A une fête aussi ardéchoise, vous ne pouviez manquer, Révérendissime Père Abbé de N. D. des Neiges. Ardéchois de résidence, vous l'êtes bien davantage par l'affection et par la générosité. Et puis, comment auriez-vous manqué la rencontre du Guillaume de Champeaux d'aujourd'hui ? Comment ne seriez-vous pas accouru vers celui qui, après huit siècles, a hérité du siège épiscopal que visita si souvent votre Saint Bernard ? Comment n'auriez-vous pas applaudi à son éloquence, et pourquoi auriez-vous retranché de son auditoire cette belle robe blanche de moine qui, en ces temps surtout, signifie pour nous la sainteté, mais aussi la liberté !

De Mgr Nègre on a dit justement qu'il représentait ici Mgr Bonnet, et je suis heureux, Messeigneurs, de prononcer à cette occasion le nom du pontife vénéré dont le beau visage de pasteur et de saint manque à cette réunion. Mais, Monseigneur, permettez-moi de vous dire que vous vous représentez aussi vous-même, avec votre piété, votre science, et surtout avec votre grand cœur qui s'était donné et qui ne s'est pas repris. Jouissez, Monseigneur, de cette ville et de cette fête, agréez surtout l'accueil fidèle et reconnaissant que tous, Evêque, clergé, religieuses et paroissiens sont si heureux de vous rendre aussi chaud que possible.

C'est encore l'Ardèche ou presque, que la Drôme et le Gard. Les territoires sont séparés par des fleuves, que la fougue de leurs flots ne rend pas impossibles à franchir, mais les Evêques ne sont pas séparés du tout. Soyez remerciés de votre sympathie, Monseigneur de Valence et Monseigneur de Nîmes. Vous, Monseigneur Paget, le doyen si aimé et si admiré de la province, dont la présence et la parole entourent à elles seules une assemblée d'une atmosphère surnaturelle; et vous, Monseigneur Girbeau, que j'appellerais notre Benjamin, si je tenais compte de la date de votre sacre, mais qui vous êtes tout de suite révélé notre aîné, le mien du moins, par l'activité heureuse avec laquelle vous avez si rapidement organisé et conquis votre diocèse.

Si les martyrs de l'Eucharistie honorent singulièrement l'Ardèche, que penserons-nous de l'Auvergne,
Monseigneur de Clermont ? Ils ont trouvé chez nous
le *locus natalis* de leur éternité, mais ils possédaient
chez vous, Monseigneur, celui de la vie, du devoir, de
la sainteté, de tout ce qui fut pour eux la semence de
la gloire.

Ainsi, Monseigneur, nos deux pays communient
dans un même bonheur et nous vous remercions de
vous y être associé par un long et pénible voyage.
Mais vous dirai-je que, si votre visite inaugure, entre
Votre Grandeur et votre serviteur, des relations bien
agréables pour moi, de curieuses coïncidences histori-
ques nous avaient quasi prédestinés à nous rencontrer.
L'un de mes prédécesseurs dans la stalle de grand
vicaire que j'occupais il y a trois ans, devint l'un des
vôtres sur le trône des Evêques de Clermont. L'Abbé
Duwalk de Dampierre, un champenois au père duquel
mes aïeux prêtaient féal hommage, après avoir
entouré de son dévouement Mgr de Juigné à Châlons,
puis à Paris, passa les plus mauvais jours de la
révolution dans son diocèse natal, réconfortant par
ses exemples et par ses conseils un clergé tremblant.
Le concordat devait le placer, Monseigneur, sur le
siège que vous occupez après lui si dignement, et il
restaura le diocèse dont vous êtes le pasteur distingué,
délicat et saintement actif. Que ces circonstances nous
aident à resserrer une amitié qui, en ce qui me concerne,
se nuance de respect et s'illumine de gratitude.

Mais on ne va pas du Vivarais en Auvergne
sans passer pas le Velay. Vous ne l'ignorez pas,
Monseigneur de Clermont. Vous avez joui au Puy
d'une bien gracieuse hospitalité et ensuite — *melius
est duos esse quam unum* — à travers nos neiges que
décidément l'office de St Régis ne signale pas en
termes trop sévères, vous avez passé plus facilement.

Le Velay, c'est Monseigneur Rousseau. En revêtant ce matin nos ornements pontificaux, nous remarquions, Monseigneur, que nous portions deux mîtres sœurs. Mais nos relations fraternelles sont plus anciennes que leurs broderies. Une communauté de sentiments et de pensées nous unissaient bien long-temps avant que nous ne fussions rapprochés par des fonctions semblables et par des résidences voisines. Nos deux diocèses sont vraiment fraternels : même climat, mêmes montagnes, mêmes mœurs et surtout même foi profonde. Abaissons de plus en plus ces Pyrénées qui s'appelent les Cévennes, et, si elles apportent parfois de graves difficultés à nos rencontres, compensons ces obstacles par une plus intime union des cœurs.

Ce ne sont pas des relations fraternelles qui rapprochent l'Evêque de Viviers de Monseigneur de Châlons, mais celles de père à fils, de fils à père, De toutes les paroles si riches et si épiscopales que, depuis quelques jours, Monseigneur, vous avez prononcées dans mon diocèse, aucune ne m'a plus ému que l'allocution adressée hier à mes petits séminaristes. « Puisqu'ils sont vos enfants, m'avez-vous dit, ils deviennent par le fait même les miens. » C'est par le ministère de Mgr Latty que j'ai reçu le caractère sacerdotal... Mgr Latty, dont nous regrettons si vivement que Mgr de Llobet, notre très aimé et très vénéré métropolitain, n'ait pu aujourd'hui occuper la place au milieu de nous. Mais à Mgr Tissier, je dois la plénitude du sacerdoce, l'épiscopat. Ah! Monseigneur, si ce bienfait n'effaçait pour ainsi dire, par sa richesse et sa splendeur, tous les autres, comme je serais tenté d'énumérer ce que je tenais déjà de votre bonté! Tout le monde, Monseigneur, connaît et applaudit votre éloquence. Tout le monde a entendu l'Evêque de la Marne ou du moins a entendu parler de lui ; mais tout le monde n'a pas eu le bonheur d'être associé par vous à votre labeur, de posséder votre confiance et de jouir de votre intimité... Mais, Monseigneur, ce dont je suis le plus reconnaissant à Votre Grandeur, c'est des leçons de zèle et d'action pastorale que vous m'avez données, c'est de m'avoir enseigné par votre exemple comment un Evêque se dépense et se donne — *super impendar ipse* — c'est surtout de m'avoir montré comment on aime un peuple et, mes chers Messieurs, un clergé, pour leur faire aimer Notre-Seigneur Jésus-Christ.

Vous avez bien voulu, Monseigneur, traverser la France pour venir jusqu'ici louer dignement nos martyrs. Vous allez tout à l'heure, de votre verbe puissant, avec votre habituelle largeur d'horizon, et sous l'impulsion de votre grand cœur d'apôtre, peindre de nos héros un portrait que nul n'oubliera. Vous allez aussi tirer pour nous de leur vie et de leur immolation des leçons de vaillance. Puissions-nous, Monseigneur, après avoir entendu vos paroles, profiter de vos puissants conseils et, lorsque vous nous aurez quittés, emportant toute notre reconnaissance, puissions-nous demeurer dignes, par notre fidélité, notre courage et notre foi, du grand exemple de nos martyrs que vous nous aurez si magnifiquement proposé !

VERS L'AVENIR.....

La Chapelle des Martyrs

Au chevet de l'église St Laurent, la vieille chapelle de St Clair peu à peu se transforme..... se transfigure même.

Elle a été touchée par un rayon de gloire, reflet de l'auréole des Bienheureux, dont les restes longtemps dormirent sous ses dalles, en attendant leur glorification.....

Sans doute par son cadre, ses voûtes et ses piliers antiques, elle garde sa vénérable et sévère beauté.....

Mais des marbres éclatants, d'artistiques peintures, de nouveaux vitraux, d'autres choses encore, sont venus ou viendront bientôt la parer d'une grâce jusqu'alors inconnue.....

Par une très heureuse et délicate adaptation, la « vieille » chapelle est en train de se muer en un jeune, *intime* et pieux sanctuaire.

Il y fera très bon prier......

De sorte que, « ancienne et nouvelle », elle sera le symbole parfait de la foi de nos Pères et du culte fervent qu'Aubenas et le Vivarais ont voué à leurs Martyrs.....

C'est là en effet — mais sur l'Autel cette fois — que reposeront désormais leurs Reliques.....

La chapelle de St Clair est devenue la « Chapelle des Martyrs » et donc le centre de leur culte.

***

Mais, il faut bien le dire, le travail, *la transfiguration*, quoique assez avancée, n'est pas finie.....

La piété albenassienne a permis de faire déjà beaucoup..... Il reste beaucoup à faire encore.....

Les Amis des Martyrs de l'Eucharistie, si généreux jusqu'à ce jour, voudront que « leur chapelle » soit vraiment digne de sa destination.

***

Mais surtout ils viendront nombreux et confiants, dévots pèlerins avant-coureurs de beaucoup d'autres, prier devant leur châsse.....

Que par leur intercession ils demandent et demandent beaucoup..... Qu'ils mettent leur crédit à l'épreuve.....

Ce n'est pas pour rien que Dieu, par son Eglise, les a glorifiés et qu'ils sont « nôtres » !

Et la reconnaissance pour les bienfaits reçus, nous en sommes sûrs, fera le reste.....

*
* *

Des pèlerins sont déjà venus, quelques-uns de très loin, leur rendre grâce..... Des faveurs signalées ont été obtenues.....

Que la chapelle de nos Martyrs soit donc un foyer de ferveur et d'amour.....

Et leur sépulcre, de plus en plus, deviendra glorieux !

TABLE DES MATIÈRES

IMPRIMÉ SUR LES PRESSES DE M. A. CHAUVIN